Clevere

Umwelt-Experimente

AUSPROBIEREN + STAUNEN + VERSTEHEN

circon

Impressum

Baierbrunner Straße 27, 81379 München
Ausgabe 2022

Text: Christa Pöppelmann
Illustrationen: Achim Ahlgrimm
Redaktion: Lea Schmid
Fachredaktion: Heidi Schooltink
Produktion: Ute Hausleiter
Abbildungen: siehe Bildnachweis S. 110
Titelabbildungen: shutterstock.com: 279photo Studio (Foto), jvillustrations (Doodles); Achim Ahlgrimm (Illustrationen)
Umschlag- und Layoutgestaltung: Agentur Nemetz, Offingen

ISBN 978-3-8174-4290-4
381744290/1

Besuchen Sie uns auf Instagram und Facebook: circonverlag

www.circonverlag.de

Spannende Experimente zum Umweltschutz

Sicher hast du dich schon einmal gefragt, warum Wasser eigentlich nass ist? Und woraus Luft besteht? Und woher Pflanzen wissen, wie sie wachsen müssen? Oder warum es so wichtig ist, die Umwelt zu schützen? In diesem Buch findest du lauter spannende Experimente, die diesen Fragen auf den Grund gehen.

Du erfährst die Geheimnisse von Luft, Wasser und Erde, siehst, wie Pflanzen wachsen und was Sonnenlicht so alles kann. Du lernst Prozesse kennen, ohne die die Menschen, Tiere und Pflanzen nicht existieren können, und kannst erkennen, welche Gefahr Umweltverschmutzung und Klimawandel bedeuten.

Vorsicht!

Die meisten Experimente sind nicht besonders kompliziert. Aber manchmal kommen dabei gefährliche Dinge wie Messer, Scheren und Feuer zum Einsatz. Bitte zeige diese Experimente immer zuerst deinen Eltern und frage sie, ob du sie alleine machen darfst oder ob es besser ist, dass sie dich unterstützen.

Inhaltsverzeichnis

* LUFT *

* WASSER *

* ERDBODEN *

* PFLANZEN *

* SONNE *

Das brauchst du

- 1 Eimer
- Wasser
- 1 leere Flasche

H_2O

Molekülen auf der Spur – Fange Luft ein

Alle Menschen, Tiere und Pflanzen brauchen Luft zum Leben. Doch was ist Luft eigentlich? Sie fühlt sich an, als wäre da nichts. Doch das ist weit gefehlt, wie dir das erste Experiment zeigt.

Mache dazu diesen Versuch

1. Tauche die Flasche kopfüber in den Eimer mit Wasser.
2. Beobachte, wie sie sich mit Wasser füllt.

Was passiert?

Die Flasche wird sich nicht ganz füllen. Irgendwann ist Schluss. Wenn du sie nach unten drückst, fühlst du einen Widerstand. Und auch wenn du noch weiterdrückst, bleibt oben in der Flasche ein scheinbar leerer Raum.

Moleküle – Die Bausteine der Welt

Nicht nur Luft besteht aus Molekülen. Auch Wasser ist aus Molekülen zusammengesetzt. Und Erde, Steine, Pflanzen, dein Körper, überhaupt alles, was es auf der Erde gibt. Aber natürlich sind alle diese Dinge aus unterschiedlichen Molekülen. Ein Stein zum Beispiel besteht aus anderen Molekülen als Wasser und Luft. Außerdem sind die Moleküle in Steinen sehr eng und fest miteinander verbunden. Sie lassen sich nicht einfach zusammenquetschen. In den weiteren Experimenten in diesem Buch wirst du noch sehr viel mehr über Moleküle erfahren.

O_2

Luft

Wasser

Das steckt dahinter !

Die Flasche ist nicht leer. Es ist ja Luft drin. Und Luft ist nicht nichts. Die winzig kleinen Bestandteile der Luft werden Moleküle genannt. Durch das Wasser werden die Moleküle in der Luft zusammengedrückt. Doch irgendwann reicht die Kraft des Wassers nicht mehr aus, die Luft noch dichter zusammenzuquetschen. Wenn du die Flasche aber schräg hältst, können Luft und Wasser aneinander vorbei. Oben blubbert die leichtere Luft raus – was sich durch sprudelnde Bläschen zeigt. Unten strömt das schwerere Wasser in die Flasche.

Die Kerze im Glas – Erforsche die Bestandteile der Luft

Bei diesem Experiment lernst du die häufigsten Luftmoleküle kennen und erfährst, welche Bedeutung sie haben.

Das brauchst du

- 1 Teelicht
- Streichhölzer
- 1 großes Schraubglas mit Deckel
- Stoppuhr
- eventuell 1 Bohrer
- kleine Pflanze mit grünen Blättern, zum Beispiel Löwenzahn
- etwas Erde
- Gießkanne mit Wasser
- etwas Knete
- langes Stück Docht

Mache dazu diesen Versuch

1. Zünde das Teelicht an. Ein Erwachsener sollte bei diesem Experiment auf jeden Fall dabei sein.
2. Stülpe das leere Glas darüber und miss mit der Stoppuhr, wie lange es dauert, bis die Flamme erlischt.

3. Nun wird es etwas kompliziert. Der Deckel deines Glases braucht ein Loch von etwa einem halben Zentimeter Durchmesser. Lasse dir dabei unbedingt von einem Erwachsenen helfen! In einen Plastikdeckel könnt ihr das Loch einbrennen, in einen Metalldeckel muss ein Loch gebohrt werden.

4. Setze die Pflanze mit etwas Erde in das Glas und gieße sie ein bisschen. Dann schraubst du den Deckel darauf, verschließt das Loch mit Knete und stellst das Glas etwa drei Tage lang an einen sehr hellen, sonnigen Platz.

5. Während dieser Zeit sammelt sich im Glas Wasser. Bevor du weitermachst, solltest du es schütteln, damit möglichst viele Tropfen nach unten fallen.

6. Die folgenden Schritte machst du am besten mit einem Erwachsenen. Dieser zündet die Dochtschnur an. Dann nehmt ihr schnell die Knete weg. Der Erwachsene senkt den brennenden Docht durch das Loch ins Glas, du drückst sofort die Knete wieder drauf. Nun stoppt ihr wieder die Zeit, bis das Feuer ausgeht.

Das Teelicht wird unter dem Glas nach ein paar Sekunden verlöschen. Beim zweiten Teil des Experiments kommt es darauf an, dass der Docht nicht mit dem Wasser im Glas in Berührung kommt und gelöscht wird. Außerdem dürft ihr das Loch wirklich nur ganz kurz aufmachen, damit sich die Luft aus dem Glas nicht mit der Luft draußen mischt. Wenn das gelingt, wird der Docht länger brennen als zuvor das Teelicht.

Das steckt dahinter

Luft besteht aus mehreren Sorten von Molekülen. Eine davon ist Sauerstoff. Ohne Sauerstoff kann eine Kerze nicht brennen. Deshalb geht das Teelicht aus, wenn der ganze Sauerstoff im Glas verbraucht ist. Grüne Pflanzen betreiben jedoch einen Vorgang, der Fotosynthese genannt wird (Im Experiment von der Seite 75 erfährst du mehr darüber.). Bei der Fotosynthese geben Pflanzen Sauerstoff ab. Weil deine Pflanze auf der Fensterbank fleißig Sauerstoff produziert hat, ist im Glas mehr davon als in der Luft, die das Teelicht im ersten Teil des Versuchs zur Verfügung hatte, und der Docht kann auch länger brennen.

Sauerstoff und Kohlenstoffdioxid

In diesem Versuch geht es um einen der wichtigsten Vorgänge auf der Erde. Denn nicht nur Kerzen brauchen Sauerstoff (O_2) zum Brennen. Auch im Körper von Menschen und Tieren findet eine Art „Verbrennung" statt – wenn auch ohne Feuer. Dafür müssen sie Sauerstoff einatmen. Im Körper hilft der Sauerstoff dabei, die aufgenommene Nahrung in Energie umzuwandeln. Diese Energie brauchen Tiere und Menschen beispielsweise, um zu wachsen oder um sich bewegen zu können. Wenn sie dann aber ausatmen, ist ein anderes Luftmolekül entstanden, das Kohlenstoffdioxid heißt. Es wird auch CO_2 (ausgesprochen: Ce-O-zwei) genannt. Für die Pflanzen ist das klasse, denn ohne Kohlenstoffdioxid können sie keine Fotosynthese betreiben. Es besteht also ein ziemlich praktischer Kreislauf. Menschen und Tiere verbrauchen Sauerstoff und produzieren Kohlenstoffdioxid. Pflanzen brauchen Kohlenstoffdioxid und stellen Sauerstoff her. Die einen leben also von den „Abfällen" der anderen.

Wohin verschwindet die Kerze? – Mache Luftverschmutzung sichtbar

Woher kommt eigentlich die Luftverschmutzung? Dieses Experiment zeigt es dir.

Das brauchst du

- 1 Kerze
- Streichhölzer
- 1 Stück Glas oder Keramik, zum Beispiel einen alten Unterteller
- Zange

Mache dazu diesen Versuch

1. Zünde mit einem Streichholz die Kerze an. Ein Erwachsener sollte aber in der Nähe sein. Ausnahmsweise ist es günstig, wenn du kein Teelicht nimmst, sondern eine richtige Kerze mit einem dicken Docht.
2. Greife den Unterteller – oder was immer du benutzt – vorsichtig mit der Zange und halte ihn dicht über die Flamme.

Wenn du den Unterteller nach einer Weile umdrehst, wirst du sehen, dass er mit schwarzem Ruß verschmiert ist. Aber auch wenn du fast die ganze Kerze abbrennst, entsteht dennoch nur eine dünne Schicht Ruß.

Das steckt dahinter!

Die großen Moleküle, aus denen Wachs besteht, werden bei der Verbrennung zerstört. Sie spalten sich in der Hitze in verschiedene Einzelteile auf. Vor allem entstehen Kohlenstoffdioxid und Wasserdampf. Aus dem festen bunten Wachs werden also unsichtbare Gase. Nur ein ganz kleiner Rest wird zu Ruß. Aber Kerzen sind auch extra so gemacht, dass sie fast vollständig verbrennen. Nur wenn sie aus schlechtem, billigem Wachs sind, der Docht zu klein ist oder Staub auf der Kerze liegt und mitverbrennt, entsteht etwas mehr Ruß. Wenn du den Ruß nicht gerade mit dem Unterteller „einfängst", schwebt er in der Luft und du atmest ihn ein. Du kannst dir denken, dass das nicht gerade gut für deine Lungen ist. Aber eine einzelne Kerze ist kein Problem. Andere Dinge, Gummi zum Beispiel, verbrennen viel schlechter. Oft entsteht schon bei der Verbrennung dicker, schwarzer Qualm voller Ruß, der in den Lungen beißt, wenn du ihn einatmest.

Kampf der Luftverschmutzung

Besonders schlimm ist es, wenn bei einer Verbrennung giftige Gase entstehen. Viele Stoffe sind harmlos, wenn sie fest in einen Gegenstand eingebaut sind, aber werden als Gas gefährlich. Brennendes Plastik zum Beispiel kann sehr giftige Dämpfe erzeugen. Deshalb sollte man Abfall keineswegs einfach so verbrennen. Aber auch Öl und Kohle enthalten zum Beispiel giftigen Schwefel. Wenn sie verbrannt werden, entstehen Schwefelgase. Früher war das ein großes Problem. In Industriegebieten war die Luft manchmal so schlecht, dass die Menschen davon krank wurden. Die Schwefelgase bildeten mit Wasser saure Verbindungen. Der sogenannte „saure Regen" gelangte in den Boden und schädigte dort die Wurzeln der Bäume, sodass viele abstarben. Deshalb ist es seit fast 50 Jahren vorgeschrieben, dass in Kraftwerken der Schwefel aus dem Rauch entfernt wird, bevor dieser durch den Kamin in die Luft gelangen darf. Auch Müllverbrennungsanlagen haben Filter, die giftige Stoffe aus dem Rauch entfernen. Dadurch ist die Luft schon viel besser geworden.

Das Wasser im Glas – Erfahre, wie Druck unser Wetter beeinflusst

Bestimmt hast du schon beim Wetterbericht im Fernsehen oder Radio von Tiefdruck- und Hochdruckgebieten gehört, die unser Wetter bestimmen. Aber was ist das eigentlich? Das folgende Experiment bringt dich auf die richtige Spur.

Mache dazu diesen Versuch

1. Fülle die Schüssel mit etwas Wasser. Zwei oder drei Zentimeter reichen. Wenn du willst, kannst du das Wasser mit bunter Tinte oder Lebensmittelfarbe färben. Das ist nicht unbedingt nötig, aber der Versuch macht dann mehr Spaß!

Das brauchst du

- 1 Schüssel mit ebenem Boden
- Wasser
- eventuell etwas bunte Tinte oder Lebensmittelfarbe
- 1 großes Glas
- größere Kerze, Föhn oder heißes Wasser
- Topflappen
- eventuell 1 Eispad

2. Nun musst du die Luft im Glas erwärmen. Entweder hältst du es dazu über die brennende Kerze. Hier sollte aber ein Erwachsener in der Nähe sein. Oder du bläst mit dem Föhn hinein oder du machst im Wasserkocher Wasser heiß. Anschließend schüttest du das heiße Wasser in das Glas und wartest etwa 30 Sekunden. Nun nimmst du einen Topflappen oder ziehst dir dicke Handschuhe an, greifst das Glas und schüttest es wieder aus. Auch hier sollte ein Erwachsener dabei sein.

3. Nun nimmst du das warme Glas mit dem Topflappen und stellst es mit der Öffnung nach unten in die Schüssel.

4. Jetzt heißt es abwarten, bis die Luft im Glas wieder kalt geworden ist. Wenn du willst, kannst du ein Eispad darauflegen, damit es schneller geht.

Was passiert?

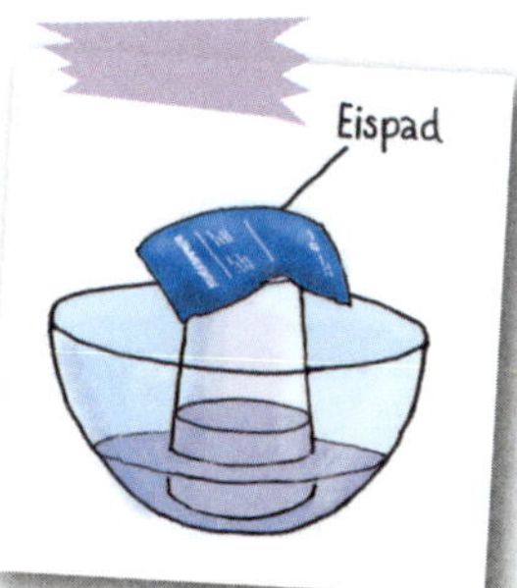

Nach einer Weile wird das Wasser wie von Zauberhand im Glas nach oben steigen. Das Glas wird nicht ganz voll werden, aber das Wasser wird im Glas höher stehen als in der Schüssel. Mit buntem Wasser siehst du das besonders gut.

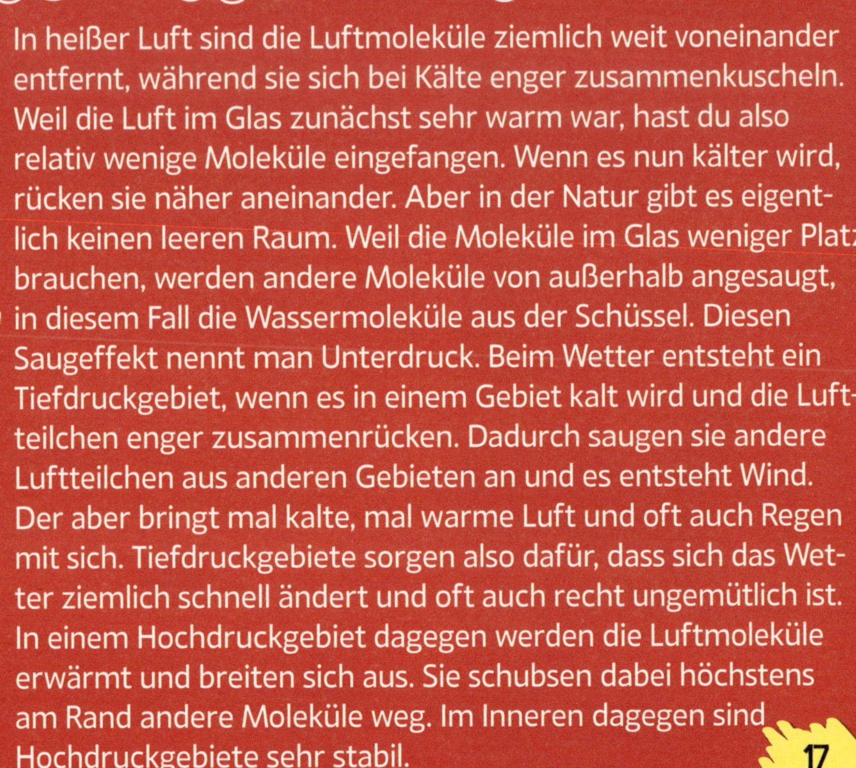

Das steckt dahinter !

In heißer Luft sind die Luftmoleküle ziemlich weit voneinander entfernt, während sie sich bei Kälte enger zusammenkuscheln. Weil die Luft im Glas zunächst sehr warm war, hast du also relativ wenige Moleküle eingefangen. Wenn es nun kälter wird, rücken sie näher aneinander. Aber in der Natur gibt es eigentlich keinen leeren Raum. Weil die Moleküle im Glas weniger Platz brauchen, werden andere Moleküle von außerhalb angesaugt, in diesem Fall die Wassermoleküle aus der Schüssel. Diesen Saugeffekt nennt man Unterdruck. Beim Wetter entsteht ein Tiefdruckgebiet, wenn es in einem Gebiet kalt wird und die Luftteilchen enger zusammenrücken. Dadurch saugen sie andere Luftteilchen aus anderen Gebieten an und es entsteht Wind. Der aber bringt mal kalte, mal warme Luft und oft auch Regen mit sich. Tiefdruckgebiete sorgen also dafür, dass sich das Wetter ziemlich schnell ändert und oft auch recht ungemütlich ist. In einem Hochdruckgebiet dagegen werden die Luftmoleküle erwärmt und breiten sich aus. Sie schubsen dabei höchstens am Rand andere Moleküle weg. Im Inneren dagegen sind Hochdruckgebiete sehr stabil.

Was bleibt bei Sturm stehen? – Spiele Orkan

Das brauchst du

- Föhn
- 1 Blume
- 1 kleine Mauer, zum Beispiel aus Bauklötzchen
- 1 ausgestochenes Stück Erde mit Gras
- 1 flache Schale mit trockener Erde oder Sand
- andere Dinge, deren Windfestigkeit du testen willst

Hast du dich schon einmal gewundert, warum bei einem Orkan sogar Häuser umstürzen können, aber kleinen Blumen nichts passiert? Mit diesem Experiment gehst du Sturmböen auf den Grund.

Mache dazu diesen Versuch

1. Zuerst musst du dir einen geeigneten Platz für dein Experiment suchen. Wenn du eine Verlängerungsschnur für deinen Föhn hast, kannst du es gut im Freien machen. Ansonsten ist ein Balkon oder ein offenes Fenster eine gute Alternative.
2. Nun pustest du mit deinem Föhn einzeln gegen die Blume, das Mäuerchen aus Bauklötzen, das Gras, die Erde in der Schale und alle anderen Gegenstände. Du kannst sie dabei in der Hand halten oder auf einen Tisch (oder die Fensterbank) stellen.

Die Dinge werden sehr unterschiedlich auf den Wind des Föhnes reagieren. Die Blume wird wahrscheinlich ordentlich zerzaust, aber keinen großen Schaden nehmen. Deine Mauer dagegen kannst du vielleicht zum Umkippen bringen, wenn dein Föhn stark genug ist. Der Sand wird wegwehen, während der mit Gras bewachsenen Erde nicht viel passiert.

Erosion

In deinem Experiment hast du auch gesehen, dass unbedeckte Erde leicht davongeweht wird. In der Natur passiert das, wenn der Wind über nackte Böden ohne Pflanzen weht. Das bezeichnet man als Erosion. Sie kann ein gewaltiges Umweltproblem sein. Stell dir vor, dass bei jedem Wind etwas Erde von einem Acker in den nächsten See gespült wird. Vom Acker verschwindet dann immer etwas von der obersten, besonders fruchtbaren Schicht. Der See aber wird mit immer mehr Schlamm gefüllt. Beides ist nicht gut. Deshalb ist es wichtig, dass Erde gut bepflanzt ist und der Wind sie nicht wegtragen kann.

Das steckt dahinter !

Wind bedeutet, dass Luftmoleküle in Bewegung geraten. Sie werden zusammengedrückt und mit mehr oder weniger Kraft geschleudert. Weiche Pflanzen halten so ein Geprassel der Windmoleküle ziemlich gut aus, weil sie sich wegbiegen, wenn sie getroffen werden. Die Moleküle rutschen dann an ihnen ab. Eine feste, große Fläche wie eine Mauer dagegen wird von vielen Molekülen gleichzeitig hart getroffen. Wenn sie nicht fest im Boden verankert ist, kann sie deshalb im Sturm umkippen.

Auf die Oberfläche kommt es an – Puste „durch“ eine Flasche

Mit diesem Experiment lernst du noch mehr über das Verhalten von Luftmolekülen. Und du kannst deine Freunde foppen!

Mache dazu diesen Versuch

1. Zünde eine Kerze an und stelle sie hinter die Flasche. Bei diesem Experiment sollte immer ein Erwachsener dabei sein.
2. Dann versuche sie auszupusten.
3. Probiere das Gleiche mit dem Saftkarton.

Das brauchst du

- 1 Kerze
- Streichhölzer
- 1 Flasche
- 1 Saft- oder Milchkarton

Wenn du kräftig genug pustest, wird es dir wahrscheinlich gelingen, die Kerze auszupusten. Wenn du die Flasche durch den Saftkarton ersetzt, schaffst du das nicht.

So führst du deine Freunde aufs Glatteis

Stelle zwei Kerzen, den Saftkarton und die Flasche bereit. Wette dann, dass du eine Kerze auspusten kannst, obwohl etwas dazwischensteht. Beweise das mit der Flasche. Wenn dein Freund oder deine Freundin es auch probieren will, schiebst du ihm oder ihr die zweite Kerze und den Karton hin – so als ob das kein Unterschied wäre. Aber hinterher verrätst du deinen Trick natürlich.

Das steckt dahinter !

Auch wenn die Flasche und der Saftkarton ähnlich groß sind, verhalten sie sich völlig anders, wenn sie von einem Luftstrom getroffen werden. Beim Saftkarton prallen die Luftmoleküle gegen den Karton. Das war's. Die Kerze steht dahinter geschützt und brennt weiter. An der runden Flasche dagegen gleiten die Luftmoleküle entlang, treffen sich dahinter wieder und pusten die Kerze aus. Auch in der Natur prallt der Wind an schroffen Felswänden oder Häusern ab, während er an runden Formen wie einem Hügel entlanggleiten kann.

Die Kraft des Windes – Baue einen Windmesser

War es heute windiger als gestern? Miss doch einfach nach!

Das brauchst du

- 1 Geodreieck oder 1 Stück Pappe
- eventuell Schere
- eventuell Stift
- Klebeband oder Reißnägel
- etwa 20 bis 30 Zentimeter Schnur
- 1 leichtes Gewicht, zum Beispiel Bonbonpapier

Mache dazu diesen Versuch

1. Wenn du kein Geodreieck benutzt, zeichnest du einen Halbkreis auf ein Stück Pappe und schneidest ihn aus. Die gerade Seite sollte etwa 15 bis 20 Zentimeter lang sein.

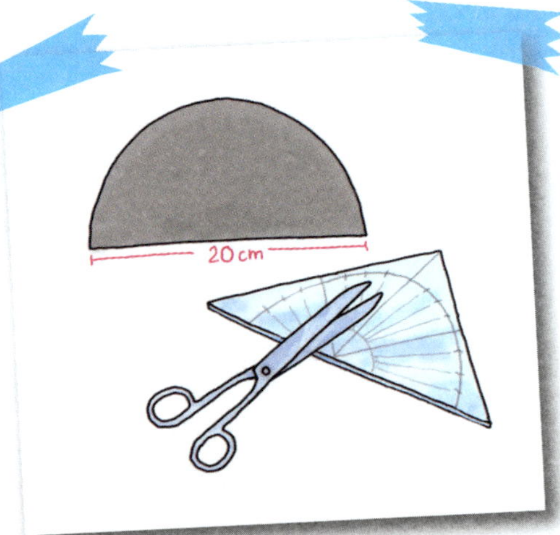

2. Nun musst du einen geeigneten Platz suchen, um deinen Windmesser anzubringen. Du brauchst eine gerade Kante, die nach Möglichkeit in die Hauptwindrichtung zeigt. Vielleicht eignet sich die Balkonbrüstung. Oder eine Querstrebe von deinem Schaukelgerüst oder ein alter Hocker, den du zum Messen auf den Balkontisch stellen kannst. Besprich das mit deinen Eltern!

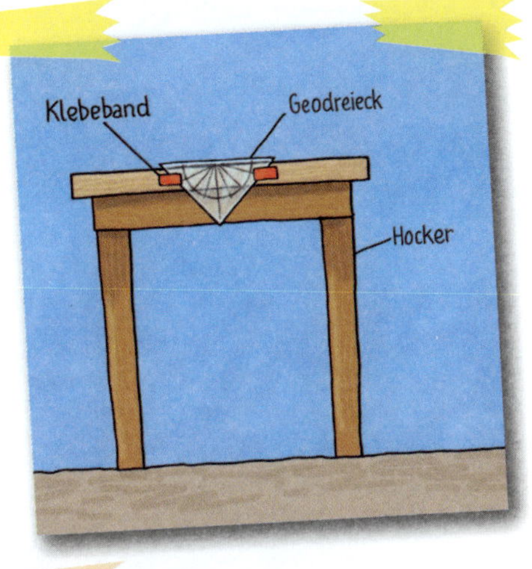

3. An dieser Kante befestigst du den Halbkreis oder das Geodreieck mit der langen, geraden Kante nach oben. Je nach Material benutzt du dafür Klebeband oder Reißnägel. Sprich auch das mit deinen Eltern ab.

4. Nun musst du genau in der Mitte der langen Seite die Schnur anpinnen oder ankleben.

5. Zuletzt bindest du ein leichtes Gewicht an das andere Ende der Schnur. Sehr hübsch sieht es zum Beispiel aus, wenn du buntes Bonbonpapier aufeinanderlegst und in der Mitte zusammenschnürst.

Wenn der Wind von der Seite kommt, wird dein Gewicht zur anderen geweht. Mal mehr, mal weniger. Bei einem Geodreieck kannst du einfach ablesen, bei welcher Markierung die Schnur schräg im Wind steht. Den Wert kannst du dir notieren und ein „Windtagebuch“ führen. Auf der Pappe machst du Markierungen und schreibst das Datum dazu. Aber besser nur bei besonders starkem Wind, sonst ist sofort alles vollgeschrieben.

Das brauchst du

- 1 quadratisches Stück Papier
- Schere
- Lineal
- 1 Stecknadel
- starken Klebstoff
- 1 Plastikschale
- etwas Knete

Energie einfangen – Bastel ein Windrad

In vielen Gegenden Deutschlands stehen riesige Windräder zur Stromerzeugung. Aber wie lässt sich die Windenergie in elektrischen Strom umwandeln? Dieses Experiment mit einem selbst gebastelten Windrad zeigt dir, worauf es ankommt.

Mache dazu diesen Versuch

1. Zunächst bastelst du dir ein Windrad. Dafür kniffst du das Papier zweimal quer.
2. Dann schneidest du entlang der Kniffe von jeder Ecke etwas mehr als die Hälfte ein. Wichtig ist nicht, wie lang die Schnitte genau sind, sondern dass alle vier gleich lang sind. Miss mit dem Lineal zur Sicherheit nach.
3. Als Nächstes biegst du an jedem Schnitt eine der Ecken zur Mitte und pinnst sie mit der Stecknadel dort fest. Nun hast du also ein Windrädchen. Puste mal dagegen!

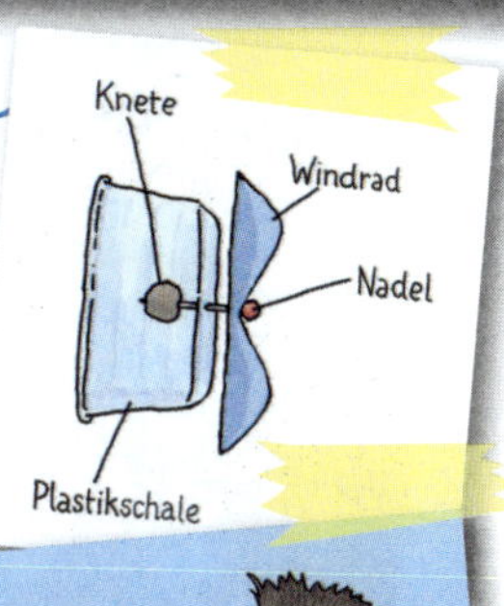

4. Bis hierher dreht sich dein Windrad, während die Nadel fest in deiner Hand bleibt. Nun aber musst du das Windrad an der Nadel festkleben. Pass bitte auf, dass du nicht die ganze Nadel verklebst, sondern wirklich nur den Kopf mit dem Windrad. Nun stößt du sie durch die Seitenwand der Plastikschale.

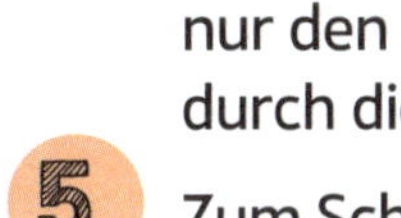
5. Zum Schluss bringst du am freien spitzen Ende der Nadel eine kleine Knetkugel an, die etwa so schwer wie das Windrad ist, sodass die Nadel gerade im Plastik steckt. Und nun pusten!

Dein Windrad wird sich nicht mehr so gut drehen wie zuvor. Wenn es sich aber dreht, bewegen sich die Nadel und die Knetkugel am anderen Ende mit.

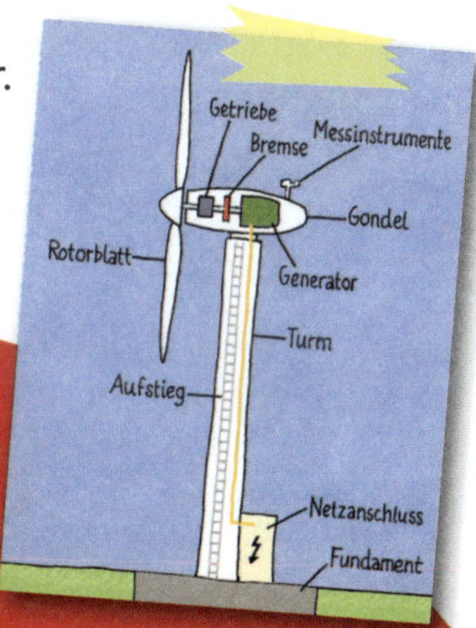

Das steckt dahinter !

Wenn du gegen ein Windrad pustest, prasseln Luftmoleküle auf die gebogenen Flügel ein und setzen sie in Bewegung. Damit man diese Bewegung nutzen kann, muss man das Windrad jedoch mit einem Antrieb verbinden. Bei einer modernen Windkraftanlage ist es ein elektrischer Generator, der Strom erzeugen kann. Er sitzt dort, wo im Experiment das Knetkügelchen ist. Aber du hast gesehen: Damit sich das Knetkügelchen bewegt, muss sich auch die Verbindungsachse drehen können und gleichzeitig irgendwie festgehalten werden. Dieses Problem zu lösen ist alles andere als leicht. In deinem Experiment funktioniert es mehr schlecht als recht. Bei echten Windkraftanlagen verwendet man dafür sehr komplizierte Kugellager.

Heißluftrotor – Baue dir ein Kraftwerk

Hast du schon mal eine Adventspyramide gesehen? Wenn unten die Kerzen angezündet werden, beginnt sich die Pyramide wie von Zauberhand zu drehen. Weshalb das so ist, zeigt dir dieses Experiment.

Das brauchst du

- 1 Stück feste Pappe, dünnes Blech oder dickes Aluminium, zum Beispiel Joghurtbecherdeckel
- Schere, mit der du das Material schneiden kannst
- Lineal
- 7 oder 9 Stecknadeln
- Klebstoff
- 1 Korken
- dünnen Faden
- 1 Stumpenkerze mit dickem Docht
- Streichhölzer
- 1 kurzes Metallrohr

Mache dazu diesen Versuch

1. Schneide dir aus deinem Material mithilfe des Lineals kleine Streifen zurecht, die etwa drei Zentimeter lang und einen Zentimeter breit sind. Du kannst sechs oder acht Streifen schneiden. Acht sind besser, machen aber natürlich mehr Arbeit.
2. Klebe auf jeden Streifen längs eine Stecknadel. Das spitze Ende der Nadel muss überstehen.
3. Stelle den Korken senkrecht und pike ringsum in gleichmäßigen Abständen die Stecknadel-Streifen hinein. Du hast nun einen sich drehenden Rotor mit Flügelblättern.
4. Stelle alle Flügel leicht schräg.

5. Mache einen Knoten in den Faden, stich eine Nadel durch den Knoten und stecke sie in die Oberseite des Korkens genau in die Mitte.
6. Zünde die Kerze an. Ab jetzt sollte ein Erwachsener in der Nähe sein.
7. Halte deinen Rotor an dem Faden mit etwas Abstand über die Flamme.

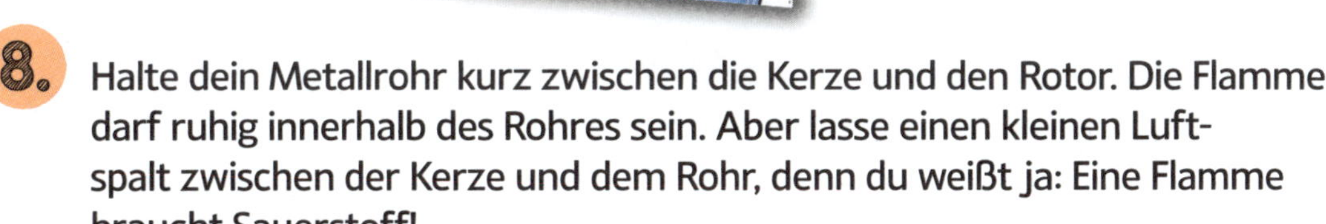

8. Halte dein Metallrohr kurz zwischen die Kerze und den Rotor. Die Flamme darf ruhig innerhalb des Rohres sein. Aber lasse einen kleinen Luftspalt zwischen der Kerze und dem Rohr, denn du weißt ja: Eine Flamme braucht Sauerstoff!

Wenn du den Rotor über die Kerze hältst, wird er beginnen, sich zu drehen. Mit dem Metallrohr wird er wahrscheinlich noch schneller laufen.

Das steckt dahinter

Im Experiment auf der Seite 15 hast du schon gelernt, dass sich Luftmoleküle voneinander entfernen, wenn Luft erhitzt wird. Sie schieben sich dabei auch nach oben und erzeugen einen Aufwind. Dieser Wind treibt deinen Rotor an. Derselbe Effekt führt auch dazu, dass Segelflugzeuge, Gleitschirmflieger und Heißluftballons schweben können. Durch die Papprolle wird die heiße Luft ganz gezielt auf den Rotor geleitet, sodass er sich besonders schnell drehen kann. Ganz ähnlich funktionieren auch Kraftwerke. Dort wird durch die Verbrennung von Öl, Gas oder Kohle Dampf erzeugt, der dafür sorgt, dass sich Turbinen drehen. Und die Turbinen treiben dann – wie bei einer Windkraftanlage – einen Generator an. Der Generator wandelt dann die Energie, die aus der Turbinenbewegung kommt, in elektrische Energie um. Doch ein Kraftwerk, in dem Öl, Gas oder Kohle verbrannt werden, erzeugt auch jede Menge Kohlenstoffdioxid. Warum das ein Problem ist, erfährst du im Experiment auf der Seite 13.

Tropfenbildung – Teste die Oberflächenspannung

Wassertropfen kennst du natürlich. Aber hast du schon mal einen Tropfen Spülwasser gesehen? Nein? Dieses Experiment zeigt dir, warum Seifenwasser keine Tropfen bildet.

Mache dazu diesen Versuch

1. Fülle das Glas bis zum Rand mit Wasser.
2. Nun versenkst du langsam eine Büroklammer nach der anderen darin – bis das Glas überläuft.

3. Hole die Büroklammern wieder heraus und trockne sie ab.
4. Fülle das Glas erneut mit Wasser, diesmal aber aus dem Warmwasserhahn und nicht ganz voll.

Das brauchst du

- Trinkglas
- Wasser
- viele Büroklammern
- Spülmittel

5. Lege ganz vorsichtig eine Büroklammer auf die Wasseroberfläche. Das ist schwerer, als es sich anhört. Die Klammer muss trocken und ganz eben sein. Wenn die Enden etwas verbogen sind und ins Wasser „stechen“, funktioniert das nicht.

6. Füge ein paar Tropfen Spülmittel hinzu und beobachte, was passiert.

Obwohl dein Wasserglas randvoll ist, läuft es nicht gleich über, wenn du die Klammern versenkst. Stattdessen bildet sich ein kleiner Wasserberg, der über den Rand des Glases ragt. Wahrscheinlich kannst du ziemlich viele Klammern versenken, bevor das Wasser überzulaufen beginnt. In diesem ersten Teil des Experiments hast du gesehen, dass Büroklammern in Wasser eigentlich untergehen. Wenn es dir jedoch gelingt, eine Büroklammer wirklich vorsichtig auf das Wasser zu legen, dann wird sie schwimmen. Aber nur, bis du das Spülmittel dazugegeben hast. Damit es sich schnell auflöst, nimmst du warmes Wasser.

Wie Seife wäscht

Warum sorgen Shampoo und Spülmittel im Wasser dafür, dass Dinge sauber werden? Dass sich manche Dreckflecken mit reinem Wasser einfach nicht entfernen lassen, liegt daran, dass Wasser sich mit fetthaltigen Substanzen nicht verbinden kann. Das kannst du beispielsweise daran erkennen, dass sich zwei Schichten bilden, wenn du Öl und Wasser in ein Glas gibst und das Glas stehen lässt. Wenn fetthaltiger Schmutz entfernt werden soll, braucht es Brückenmoleküle, die sich einerseits mit dem Dreck und andererseits mit dem Wasser verbinden, sodass das Wasser die Schmutzpartikel wegspülen kann. Genau das machen Shampoos, Seifen und Spülmittel.

Das steckt dahinter !

Wassermoleküle halten eng zusammen – nach allen Seiten. Doch die Moleküle an der Oberfläche finden in der Luft keinen Halt. Also klammern sie sich besonders fest an ihre Nachbarn neben und unter ihnen. Das führt zu einer Spannung an der Oberfläche, die wie eine zarte Haut wirkt. Der Fachbegriff hierfür ist Oberflächenspannung. Deshalb kann das Wasser kleine Berge bilden oder leichte Gegenstände tragen. Wenn du genau hinsiehst, erkennst du, dass der Draht der Klammer das Wasser ein bisschen eindellt. Dank der Oberflächenspannung können manche Insekten einfach über Wasser spazieren, ohne unterzugehen. In kleinen Mengen Wasser kommen die Moleküle an vielen Stellen mit der Luft in Berührung. Überall dort klammern sie sich an ihre Nachbarmoleküle, sodass runde Tropfen entstehen. Die Oberflächenspannung kann jedoch leicht gestört werden. Zum Beispiel, wenn sich Spülmittel oder Seife zwischen die Wassermoleküle schiebt und ihren Zusammenhalt stört. Deshalb kann Spülwasser auch keine Tropfen bilden.

Eis und Dampf – Verwandle Wasser

Natürlich weißt du, dass Wasser zu Eis gefrieren kann, wenn es kalt ist. Mit diesem Experiment lernst du, was dahintersteckt. Und du erfährst auch, was passiert, wenn Wasser verdampft.

Das brauchst du

- Wasser
- Topf
- 1 kleinen, leeren Joghurtbecher

H_2O

Mache dazu diesen Versuch

1. Für den ersten Teil des Experiments füllst du den Topf etwa zur Hälfte mit Wasser, stellst ihn auf den Herd und drehst ihn auf höchster Stufe auf. Da du mit heißem Wasser und dem Herd hantierst, sollte ein Erwachsener in der Nähe sein.

2. Für den zweiten Teil des Experiments füllst du den Joghurtbecher fast bis zum Rand mit Wasser und stellst ihn dann vorsichtig über Nacht ins Gefrierfach.

Auf dem Herd wird das Wasser nach kurzer Zeit gewaltig sprudeln und dampfen. Du musst gut aufpassen, dass du dich nicht am heißen Dampf verbrühst. Das Wasser im Topf wird dabei immer weniger. Im Eisfach dagegen ist das Wasser am nächsten Tag steinhart gefroren. Es schaut sogar ein bisschen über den Becherrand hinaus, weil Wasser sich beim Frieren ein bisschen ausdehnt.

Das steckt dahinter

Wasser kann drei verschiedene Formen haben: fest (als Eis), flüssig (als Wasser), gasförmig (als Wasserdampf). Das liegt wieder an den Molekülen, die, wenn es sehr kalt ist, feste Verbindungen eingehen und so eine Art Gitter bilden. Wird es wärmer, bewegen sich die Moleküle stärker und das Gitter wird aufgebrochen. Das passiert bei null Grad. Das Eis schmilzt und wird zu Wasser. Doch noch immer sind die Moleküle miteinander verbunden. Doch bei 100 Grad wird ihnen auch das zu heiß. Sie steigen als Dampf in die Luft auf und schweben dort dann einzeln herum. Diese drei Formen – fest, flüssig, gasförmig – können theoretisch alle Stoffe, die es auf der Erde gibt, annehmen. Aber Steine brauchen zum Beispiel Temperaturen von etwa tausend Grad, um flüssig zu werden. Das sehen wir beispielsweise bei einem Vulkanausbruch. Die rot glühende Lava ist nichts anderes als flüssiger Stein.

Wärmespeicher – Erfahre, wie ein Luftballon dem Feuer standhält

Das brauchst du

- 2 Luftballons
- 1 Kerze
- Streichhölzer
- Wasser

Mit diesem Experiment kannst du deine Freunde verblüffen – und lernst eine besondere Eigenschaft des Wassers kennen.

Mache dazu diesen Versuch

1. Puste einen Luftballon auf und binde ihn zu.
2. Halte ihn nun über die Kerzenflamme. Hierbei sollte ein Erwachsener in der Nähe sein. Halte erst mehr Abstand zum Feuer und gehe dann mit dem Ballon ganz langsam näher an die Flamme heran, bis der Ballon platzt.

3. Nun füllst du den anderen Luftballon mit Wasser und hältst ihn genauso nah an die Flamme wie vorher den geplatzten Ballon.

Der wassergefüllte Ballon wird nicht platzen. Wenn du mutig genug bist und dein Experiment im Freien machst, kannst du sogar versuchen, den Ballon für kurze Zeit direkt in die Flamme zu halten.

Wasser als Wärmespeicher

Wie langsam Wasser warm wird, merkst du im Frühjahr. Wenn die Sonne länger scheint, wird die Luft oft ziemlich schnell warm, während das Wasser noch viel zu kalt zum Baden ist. Im Herbst ist es umgekehrt: Das Wasser ist noch warm, die Luft aber oft schon eisig. Je größer ein Gewässer ist, desto stärker ist dieser Effekt. Vor allem das Meer wird sehr langsam warm, aber hält die Wärme dann lange fest.

Das steckt dahinter

Wenn dein Luftballon über dem Feuer platzt, kann das zwei Gründe haben. Wenn du ihn zu nahe an die Flamme gehalten hast, ist vielleicht der Gummi geschmolzen. Wenn du ihn weiter weggehalten hast, haben sich trotzdem die Luftmoleküle im Inneren erhitzt. Wenn sie warm werden, entfernen sie sich voneinander. Dabei entwickeln sie so viel Kraft, dass sie die dünne Gummihülle sprengen. Beim Wasser dagegen hängen die einzelnen Moleküle fester zusammen. Wenn man versucht, Wasser zu erwärmen, dauert es eine ganze Weile, bis diese Bindungen aufgelöst werden. In dieser Zeit fühlt sich das Wasser noch ziemlich kalt an – und kühlt auch die Haut des Luftballons. Erst wenn der Zusammenhalt der einzelnen Moleküle verloren gegangen ist, bewegen sie sich auch auseinander. Auch das Wasser dehnt sich also aus und wird wärmer – aber viel langsamer als Luft.

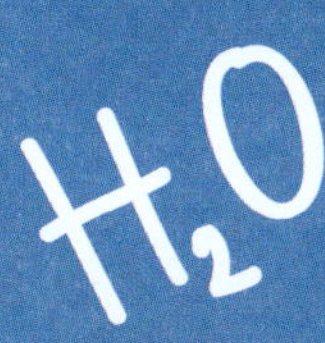

In die Höhe – Lasse Wasser klettern

Pflanzen nehmen Wasser vor allem über Wurzeln auf. Aber wie kommt es nach oben in den Stängel und in die Blätter? Es kann doch nicht klettern? Kann es doch, wie dir dieses Experiment zeigt!

Das brauchst du

- Schüssel
- Wasser
- Lebensmittelfarbe oder Rote-Bete-Saft
- 1 Topfpflanze
- Küchenpapier
- mehrere dicke Wollfäden

Mache dazu diesen Versuch

1. Fülle die Schüssel mit Wasser und färbe es mit Lebensmittelfarbe oder Rote-Bete-Saft. Bitte nimm für diesen Versuch keine Tinte, da sie nicht gut für die Pflanzen ist.
2. Stelle die Schüssel neben die Topfpflanze. Ideal ist es, wenn die Erde im Topf etwa 15 Zentimeter höher ist als das Wasser.

3. Falte nun das Küchenpapier, sodass du einen langen Streifen mit vier Lagen hast.
4. Stecke ein Ende des Streifens in die Erde im Blumentopf und drücke etwas Erde darauf fest, sodass er hält.

5. Das andere Ende hängst du in die Schale mit dem gefärbten Wasser.
6. Nun heißt es Geduld haben und abwarten! Beobachte, was passiert.
7. Wiederhole das Experiment mit dicken Wollfäden zwischen dem Wasser und der Erde.

Das Wasser klettert langsam das Papier hoch. Durch die Farbe siehst du gut, wie weit es gekommen ist. Spätestens am nächsten Tage sollte es oben im Topf bei der Pflanze angelangt sein. Wenn du nun noch einige Tage wartest, kannst du sehen, dass das Wasser in der Schale weniger wird. Deine Pflanze „gießt" sich nun selbst, indem sie das Wasser aus der Schale saugt. Du kannst den Trick gut nutzen, wenn du einige Tage verreist. Mit den Wollfäden funktioniert das Experiment im Prinzip ganz genauso.

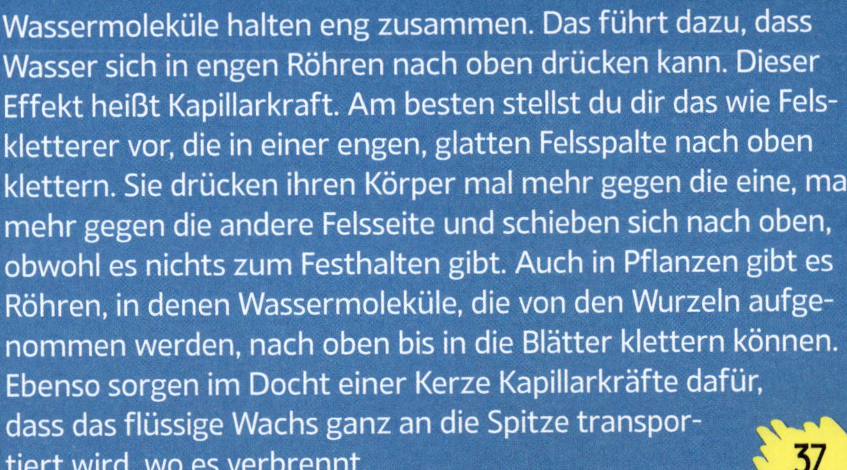

Das steckt dahinter

Wassermoleküle halten eng zusammen. Das führt dazu, dass Wasser sich in engen Röhren nach oben drücken kann. Dieser Effekt heißt Kapillarkraft. Am besten stellst du dir das wie Felskletterer vor, die in einer engen, glatten Felsspalte nach oben klettern. Sie drücken ihren Körper mal mehr gegen die eine, mal mehr gegen die andere Felsseite und schieben sich nach oben, obwohl es nichts zum Festhalten gibt. Auch in Pflanzen gibt es Röhren, in denen Wassermoleküle, die von den Wurzeln aufgenommen werden, nach oben bis in die Blätter klettern können. Ebenso sorgen im Docht einer Kerze Kapillarkräfte dafür, dass das flüssige Wachs ganz an die Spitze transportiert wird, wo es verbrennt.

Lösung und Verdunstung – Experimentiere mit Salz

Das brauchst du

- flache Glasschale
- Wasser
- 1 Packung Salz
- Löffel

Stell dir vor, du gibst ein bisschen Salz in die Suppe. Aber wie kann es sein, dass das Salz scheinbar verschwindet und die Suppe trotzdem salzig schmeckt? Dieses Experiment erklärt es dir.

Mache dazu diesen Versuch

1. Fülle etwas Wasser in die Schale. Ein bis zwei Zentimeter sind genug.
2. Rühre nun mehrere Löffel voll Salz hinein und beobachte, wie das Salz langsam verschwindet.

3. Probiere vorsichtig, wie es schmeckt.

4. Rühre nun immer mehr Salz ins Wasser, bis es sich nicht mehr auflöst.

5. Stelle die Schüssel an einen möglichst warmen Ort, zum Beispiel auf die Heizung oder in die Sonne.

Obwohl das Salz nicht mehr zu sehen ist, schmeckt das Wasser immer salziger. Aber irgendwann verschwindet das Salz nicht mehr, sondern setzt sich am Boden ab. Wenn das Salzwasser dann in der Wärme steht, verschwindet das Wasser und nur das Salz bleibt zurück. Auch das Salz, das sich im Wasser aufgelöst hatte, kommt wieder zum Vorschein.

Das steckt dahinter !

Auch Salz besteht aus Molekülen. In einem einzigen Salzkorn stecken mehrere Trillionen Moleküle. Wenn das Salz ins Wasser gelangt, lösen sich die Körner auf. Die Salzmoleküle schwimmen dann zwischen den Wassermolekülen herum. Aber weil sie so unvorstellbar klein sind, kannst du sie nicht sehen. Wenn du jedoch zu viel Salz ins Wasser gibst, ist irgendwann keine ordentliche Mischung mehr möglich, die Lösung ist „gesättigt“. Die Salzkörner werden nicht mehr aufgelöst und sinken, weil sie schwerer als Wasser sind, nach unten. Stellst du das Salzwasser dann warm, verdunstet das Wasser. Verdunstung bedeutet, dass flüssiges Wasser zu gasförmigem Wasserdampf wird, obwohl das Wasser nicht kocht.

Ohne Kühlschrank – Zaubere mit Salzwasser leckeres Eis

Wasser und Salz, das ist eine besondere Verbindung – gerade auch bei niedrigen Temperaturen. Das zeigt dir das leckerste Experiment in diesem Buch.

Das brauchst du

- 2 Eiswürfelformen
- Wasser H_2O
- Salz
- Thermometer
- Mischung für Eiscreme (siehe Kasten auf Seite 42; fertige Mischungen zum Anrühren gibt es im Laden zu kaufen)
- große Schüssel
- kleinere Metallschüssel
- Kochlöffel oder Teigschaber

Mache dazu diesen Versuch

1. Fülle eine Eiswürfelform mit Wasser, die andere mit sehr salzigem Salzwasser. Dann stellst du beide über Nacht ins Gefrierfach.

2. Am nächsten Tag bereitest du erst deine Eiscrememischung nach Packungsanleitung vor. Dann holst du die Formen aus dem Gefrierfach. Schaue dir an, was passiert ist, und miss in beiden Formen die Temperatur mit dem Thermometer.

3. Nun gibst du die Eiswürfel und das kalte Salzwasser aus den beiden Formen in die große Schüssel und stellst die kleine Metallschüssel hinein. Miss wieder die Temperatur der Eiswürfel-Salzwasser-Mischung.

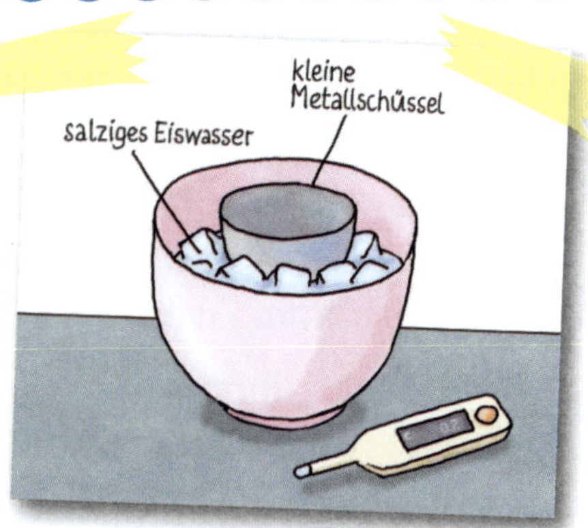

4. Gib noch eine kräftige Portion Salz in die Eiswürfel-Salzwasser-Mischung und miss wieder.

5. Gib die vorbereitete Eiscreme in die kleine Schüssel und rühre mit dem Kochlöffel oder Teigschaber kurz um.

Das normale Wasser wird über Nacht zu Eis gefrieren, das Salzwasser nicht. Trotzdem ist es eiskalt. Wenn du dann am nächsten Tag noch mehr Salz zur der Eiswürfel-Wasser-Mischung gibst, wird sie wahrscheinlich flüssiger, aber noch kälter werden. Deshalb friert auch die Eiscreme in der Metallschüssel. Wenn du sie immer wieder mit dem Teigschaber vom Rand abkratzt, ist bald alles durchgefroren und du hast leckeres Eis.

Tipps für ein leckeres Eis

- Eine Mischung für Eiscreme kannst du zum Beispiel herstellen, indem du 300 Gramm Erdbeeren mit 100 Gramm Zucker und 100 Gramm Sahne pürierst.
- Oder du rührst einfach gezuckerte Kondensmilch mit etwas Milch und Vanillezucker an.
- Bei der Methode mit den zwei Schüsseln kannst du gut zusehen, wie das Eis gefriert. Wenn du eine noch schnellere Eiscreme machen willst, geht es noch einfacher: Du kippst die Eiswürfel zusammen mit eiskaltem Salzwasser in einen großen Gefrierbeutel. Dann füllst du die Eiscrememischung in einen kleinen Gefrierbeutel, den du gut verschließt. Gib ihn auch in den großen Beutel, verschließe diesen, ziehe Handschuhe an und knete ihn etwa zwei Minuten durch. Danach holst du den kleinen Beutel wieder heraus. Die Eiscreme darin sollte nun gefroren sein.

Das steckt dahinter

Salzwasser verhält sich anders als reines Wasser. Wie stark die Abweichung ist, hängt vom Salzgehalt der Lösung ab. Meerwasser gefriert erst bei etwa minus zwei Grad und eine gesättigte Salzwasserlösung bei minus 21 Grad. So kalt ist es in deinem Gefrierfach nicht, weshalb das Salzwasser auch nicht gefriert. Deswegen streut man zum Beispiel im Winter Salz auf die Straßen. Dabei wird aus dem gefährlichen, glatten Eis flüssiges Wasser. Doch weil Salz schädlich für die Pflanzen ist, wird heute nur noch dort gesalzen, wo es unbedingt nötig ist.

Magische Säure – Mache aus blauem Wasser rotes

Dieses Experiment scheint erst einmal ein lustiger Zaubertrick zu sein. Du kannst es gut vor Publikum vorführen. Doch du erfährst auch, dass ziemlich erstaunliche Dinge passieren können, wenn du verschiedene Stoffe zusammenkippst.

Mache dazu diesen Versuch

1. Schneide den Rotkohl mit dem Messer in feine Streifen, lege diese in einen Kochtopf und koche sie etwa 20 Minuten im Wasser. Für dein Experiment reicht eine kleine Menge. Aber du kannst natürlich gleich eine große Portion Kohl für das Abendessen kochen.
2. Für deinen Trick brauchst du nur das blau gefärbte Kochwasser. Schütte es nach dem Kochen durch das Sieb in den Krug. Lasse dir hierbei von einem Erwachsenen helfen, das Wasser ist heiß!
3. In das Trinkglas gibst du ein bisschen Essig und schwenkst es gut damit aus.
4. Stelle das Glas jetzt auf das weiße Papier oder eine weiße Tischdecke. So sieht man die Farben später besser!

Das brauchst du

- 1 Rotkohl
- Messer
- Kochtopf
- Wasser
- Sieb
- durchsichtigen Krug oder Messbecher
- Trinkglas
- Essig
- weißes Stück Papier oder eine weiße Tischdecke
- Natron
- Löffel

5. Gieße etwas von dem blauen Kochwasser hinein.
6. Warte ab, was passiert. Danach kündigst du den Einsatz eines „Zauberpulvers“ an.
7. Streue als „Zauberpulver“ etwas Natron in das Glas und rühre mit einem Löffel um.

Das blaue Kochwasser färbt sich rot, wenn es in das Glas mit dem Essig geschüttet wird. Durch das Natron wird es wie von Zauberhand wieder blau.

Übung macht den Meister!

Wenn du das Experiment als Zaubertrick vorführen willst, dann solltest du es vorher ausprobieren. Der Trick wirkt am besten, wenn das Glas scheinbar leer ist und du nur wenig „Zauberpulver“ streust. Aber wenn du zu wenig Essig und Natron benutzt, ist der Farbwechsel zu schwach.

Achtung, chemische Reaktion!

Der Farbwechsel in deinem Experiment ist ein ziemlich lustiges, harmloses Beispiel für eine chemische Reaktion. So nennt man einen Vorgang, bei dem sich verschiedene Moleküle, wenn sie in Kontakt kommen, verändern und sich nicht einfach nur mischen. Trotzdem solltest du das bunte Wasser hinterher nicht einfach in den Garten oder Blumentopf kippen, sondern in den Ausguss, denn viele Pflanzen mögen Säuren und Basen überhaupt nicht. Aber es gibt auch sehr gefährliche chemische Reaktionen, die giftige Stoffe hervorbringen oder zu Explosionen führen. Aber viele chemische Reaktionen sind auch sehr nützlich. Die Industrie stellt so immer wieder neue Stoffe und sogar Medikamente her.

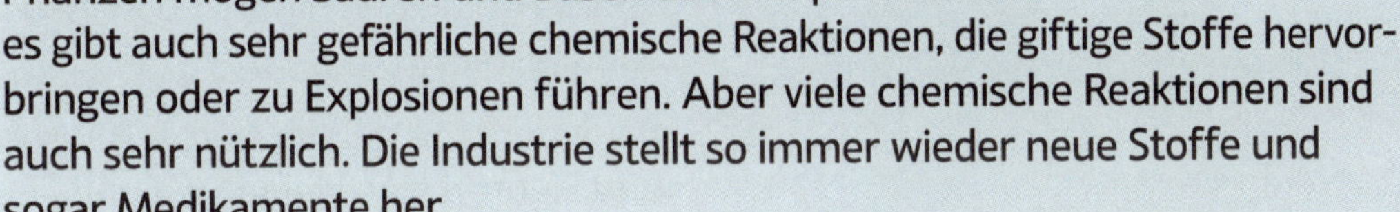

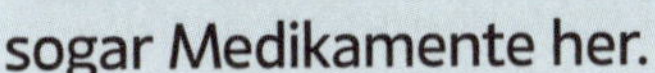

Das steckt dahinter

Direkt nach dem Kochen hast du eine Mischung aus Wasser und Farbstoff, so wie auch Salzwasser eine Mischung ist. Aber die Säure im Essig ist ziemlich angriffslustig. Sie verändert die Moleküle des Farbstoffs. Das führt dazu, dass dieser die Farbe wechselt. Natron dagegen gehört zu den basischen Stoffen. Basen reagieren genau umgekehrt wie Säuren. Also macht das Natron die Farbveränderung durch den Essig wieder rückgängig. Wenn du aber gleich Natron ins blaue Kochwasser gibst, wird es grünlich werden. Mit Essig kannst du das wieder rückgängig machen.

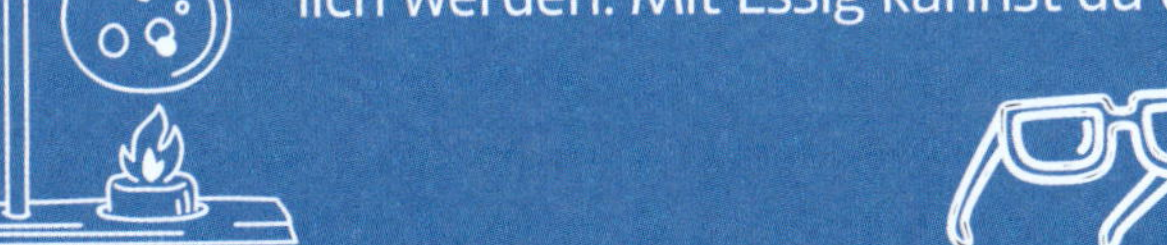

Hilfe, Überschwemmung! – Stelle eine Flutkatastrophe nach

Das brauchst du

- Spielzeugautos, -häuser und -figuren
- Gießkanne mit Wasser
- Naturmaterial wie Äste und Steine

Wasser ist lebenswichtig, kann aber auch sehr gefährlich werden. Das kannst du selbst erfahren, wenn du eine Überschwemmung nachspielst.

Mache dazu diesen Versuch

1. Suche dir draußen eine geeignete Stelle. Am besten nimmst du einen Sandkasten.
2. Baue dort mit deinen Autos, Häusern und Figuren eine kleine Siedlung. Buddle anschließend einen kleinen Graben um deine Siedlung herum. Flute diesen dann mit ordentlich viel Wasser aus der Gießkanne und beobachte, was passiert.

3. Danach baust du deine Siedlung wieder auf und errichtest mit Ästen oder Steinen eine Art Deich um deine Siedlung herum. Bewässere dann kräftig den Graben und beobachte, ob dein selbst gebauter Deich die Siedlung vor dem Wasser schützt.

Wenn das Wasser direkt auf deine Stadt fließt, wird alles, was du aufgebaut hast, überflutet und weggeschwemmt. Beobachte, wie das Wasser sich ausbreitet. Welche Gegenstände werden am leichtesten mitgerissen? Wie kannst du sie schützen? Indem du eine Mauer baust? Oder die Gebäude mit Holzstäben in der Erde verankerst? Oder indem du sie auf Stelzen stellst, damit das Wasser darunter durchfließen kann? Probiere nach Herzenslust aus, was gegen die Fluten hilft.

Das steckt dahinter !

Hochwasserschutz ist nicht einfach. Denn irgendwo muss das Wasser ja hin. Im richtigen Leben werden Schutzmauern und Deiche gebaut, um Dörfer und Städte zu schützen. Oder man leitet das Wasser auf freie Flächen, wo es langsam versickern kann. Gebäude werden mit einem festen Fundament gebaut, sodass sie nicht einfach weggeschwemmt werden können. Welche Maßnahmen am besten wirken, hängt von vielen Faktoren ab.

Leben im Wasser – Beobachte eine Wasserprobe

Im Wasser leben Fische, aber auch andere Lebewesen. Schau einmal genau hin!

Das brauchst du

- Wasser aus einer Regentonne, einem Fluss, einem Bach oder einer Pfütze

- 1 Becherlupe (Kannst du selbst basteln, siehe Kasten, oder kaufen)

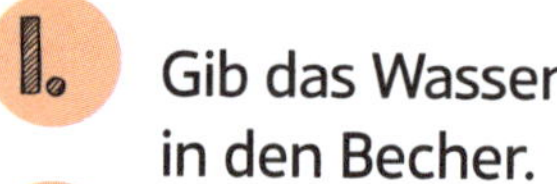

Mache dazu diesen Versuch

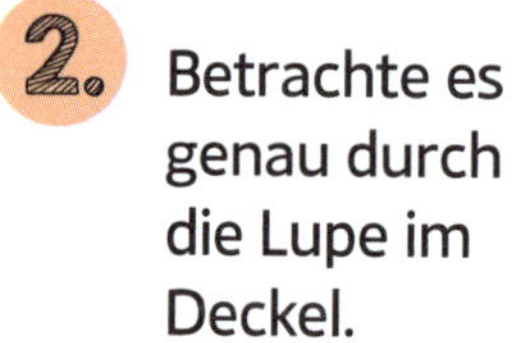

1. Gib das Wasser in den Becher.
2. Betrachte es genau durch die Lupe im Deckel.

Was passiert?

Im Wasser finden sich unzählige Minitierchen wie Wasserflöhe und Rädertierchen, aber auch feine Algen. Was du sehen wirst, hängt von deiner Probe ab. Diese Tierchen und Pflanzen dienen größeren Tieren als Nahrung.

Becherlupe selbst basteln

Wenn du keine Becherlupe hast, kannst du ein Schraubglas mit gewölbtem Boden benutzen. Gib deine Wasserprobe hinein, schraube es zu und drehe es um. Nun tropfst du sauberes Wasser auf den Glasboden. Weil sich das Wasser durch die Oberflächenspannung wölbt, wirkt es wie eine Lupe.

Mineralien und Humus – Erfahre, wie Erde entsteht

Ohne Erde könnten die meisten Pflanzen nicht wachsen. Aber was ist Erde eigentlich und wo kommt sie her? Dieses Experiment zeigt es dir, aber es braucht ein wenig Geduld!

Mache dazu diesen Versuch

1. Lege den Stein in den leeren Quarkbecher und gieße dann Wasser in seine Vertiefung. Er kann ruhig auch ein bisschen im Wasser liegen.

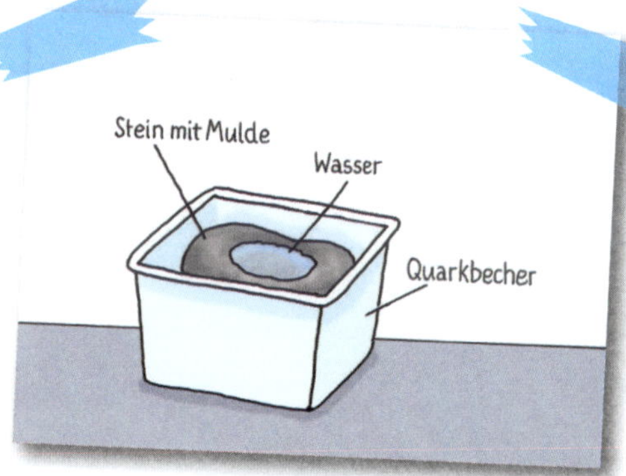

2. Stelle den Quarkbecher in die Schachtel, mache diese zu und stelle das Ganze in das Gefrierfach.

Das brauchst du

- 1 kleinen Stein mit einem Loch, einem Riss oder einer Mulde
- 1 leeren Becher, zum Beispiel von einem Quark
- Wasser H_2O
- 1 Schachtel, in die der Becher hineinpasst
- altes Laub, Moos oder anderes feines Pflanzenmaterial
- feinen Sand, Kreide, Kalk oder Tonpulver
- 1 Eichel

3. Nach einigen Wochen holst du alles wieder heraus.

4. Nun mischst du das Laub oder das andere Pflanzenmaterial mit dem Sand oder dem anderen Pulver.

5. Suche dir eine Stelle im Wald oder im Park, die du gut wiederfindest. Laufe hier aber nicht allein los, ein Erwachsener sollte dich begleiten.

6. Grabe ein kleines Loch, lege den Stein hinein und in seine Vertiefung die Eichel. Fülle dann die Moos-Sand-Mischung darüber. Aber keine Erde!

7. Du kannst die Stelle so oft besuchen, wie du willst. Aber warte mindestens ein Jahr, bevor du sie wieder aufgräbst.

Im Gefrierfach wird das Wasser zu Eis und dehnt sich aus. Möglicherweise sprengt es dadurch den Stein. Das wäre schön, doch es gibt keine Garantie, dass es klappt. Dein Experiment kannst du auch machen, wenn der Stein nicht gesprengt wurde. Es kann sein, dass sehr viel später die Wurzeln des kleinen Baumes, der aus der Eichel entsteht, die Sprengung schaffen. Aber auch dafür gibt es keine Garantie.

Viel wichtiger ist auch, dass du siehst, dass die Mischung aus Mineralien und organischen Materialien, die du in das Loch gegeben hast, mit der Zeit zu Erde wird. Wenn das passiert, sind die Chancen nicht schlecht, dass aus deiner Eichel ein kleiner Eichenbaum wird. Du kannst „deinem Baum“ dann über die Jahre beim Wachsen zusehen.

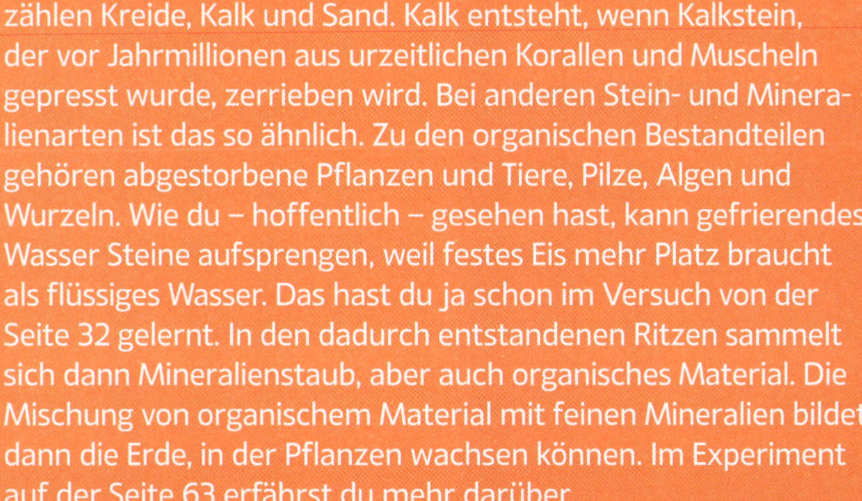

Das steckt dahinter !

Erde besteht aus zwei Stoffgruppen – Mineralien und organischen Bestandteilen. Zu den Mineralien zählen Kreide, Kalk und Sand. Kalk entsteht, wenn Kalkstein, der vor Jahrmillionen aus urzeitlichen Korallen und Muscheln gepresst wurde, zerrieben wird. Bei anderen Stein- und Mineralienarten ist das so ähnlich. Zu den organischen Bestandteilen gehören abgestorbene Pflanzen und Tiere, Pilze, Algen und Wurzeln. Wie du – hoffentlich – gesehen hast, kann gefrierendes Wasser Steine aufsprengen, weil festes Eis mehr Platz braucht als flüssiges Wasser. Das hast du ja schon im Versuch von der Seite 32 gelernt. In den dadurch entstandenen Ritzen sammelt sich dann Mineralienstaub, aber auch organisches Material. Die Mischung von organischem Material mit feinen Mineralien bildet dann die Erde, in der Pflanzen wachsen können. Im Experiment auf der Seite 63 erfährst du mehr darüber.

Was ist im Boden drin? – Mache eine Schlämmprobe

Sicher ist dir auch schon aufgefallen, dass Erde nicht gleich Erde ist. Mal ist sie heller, mal dunkler, mal bröselig, mal matschig. Bei einer Schlämmprobe wird die Erde aufgeschwemmt und in ihre Bestandteile zerlegt.

Das brauchst du

- Erde
- 2 gleich große Schraubgläser mit Deckel
- Esslöffel
- Wasser
- Gießkanne

Mache dazu diesen Versuch

1. Suche dir eine Stelle mit Erde, die du prüfen willst. Zum Beispiel aus dem Balkonkasten oder einem Beet im Garten.
2. Fülle ein Glas mithilfe des Esslöffels etwa zu einem Viertel mit Erde.
3. Nun gießt du noch Wasser aus der Gießkanne in das Glas. Es sollte danach etwa halb voll sein.
4. Schraube das Glas zu und schüttele einmal kräftig, bis alles gut vermischt ist!

5. Nun stellst du das Glas hin und wartest, bis das Wasser wieder klar ist. Dies ist deine erste Schlämmprobe.

6. Suche dir eine Stelle mit Erde, die ganz anders aussieht. Fülle sie in das andere Glas und mache die nächste Schlämmprobe.

Durch das Schütteln geraten alle Bestandteile der Erde durcheinander. Wenn das Glas dann wieder ruhig steht, setzen sich die einzelnen Bestandteile, die in der Erde sind, ab. Zuerst der grobe Sand, dann der feine Sand, dann der Ton und schließlich die organischen Stoffe, die auch Humus genannt werden. Es kann sein, dass manche feinen Humuspartikel sogar obenauf schwimmen und überhaupt nicht zu Boden sinken.

Das steckt dahinter

Nach dem Schütteln sinken die schwersten Teile zuerst auf den Boden und die leichtesten am Schluss. Die einzelnen Bestandteile liegen nun im Glas in Schichten aufeinander und du kannst sehen, wie viel Sand, wie viel Ton und wie viel Humus in deiner Erde enthalten sind. Wenn du mehrere Schlämmproben machst, erkennst du, dass jeder Boden anders zusammengesetzt ist. Gute Gartenerde enthält viel Humus. Denn in ihm stecken die Nährstoffe, die die Pflanzen zum Wachsen brauchen. Außerdem sind etwa gleich viel Sand und Ton enthalten. Warum das wichtig ist, erfährst du im nächsten Experiment.

Die Mischung ist wichtig! – Mache eine Sickerprobe

Guter Gartenboden enthält eine Mischung aus feinem Ton und grobem Sand. Warum eine gute Mischung wichtig ist, zeigt dir dieses Experiment. Du lässt dabei Wasser durch verschiedene Arten von Erde sickern.

Das brauchst du

- 3 leere PET-Flaschen aus dünnem Plastik
- spitze Schere
- eventuell etwas Papier oder Pappe
- 3 Filtertüten (für Kaffee)
- Sand
- Gartenerde
- Ton oder sehr tonige Erde
- Gießkanne mit Wasser

Mache dazu diesen Versuch

1. Schneide die PET-Flaschen quer in der Mitte durch. Je dünner das Plastik ist, desto leichter geht es. Pass besonders am Anfang auf, dass du nicht mit der Schere abrutschst und dich verletzt. Du kannst dir hier auch von einem Erwachsenen helfen lassen.

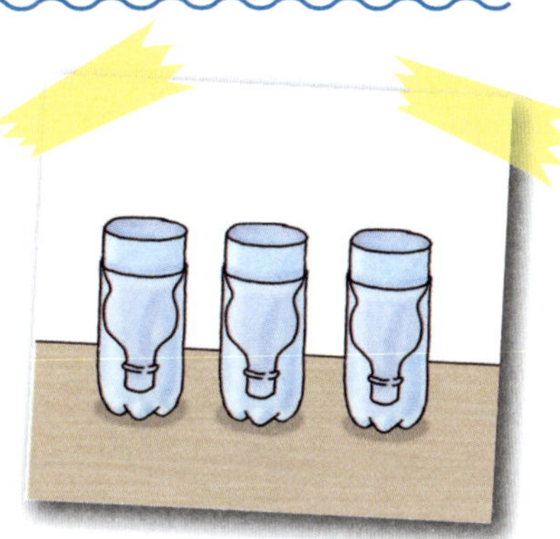

2. Nun steckst du den oberen Teil der Flaschen mit der Gießöffnung nach unten kopfüber in den unteren Teil. Dabei sollte die Öffnung den Flaschenboden nicht berühren. Wenn der obere Teil doch nach unten durchrutscht, dann muss du gefaltetes Papier oder ein Stück Pappe zwischen die beiden Flaschenteile schieben, um sie zu verkeilen.

3. Nun schiebst du einen Kaffeefilter in den oberen Flaschenteil. Er sollte über der Öffnung sitzen, damit später die Erde nicht durchrieselt.

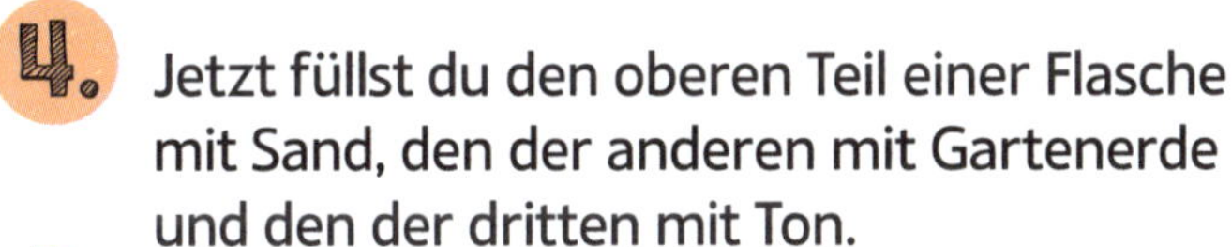

4. Jetzt füllst du den oberen Teil einer Flasche mit Sand, den der anderen mit Gartenerde und den der dritten mit Ton.

5. Gieße zum Schluss deine drei Sickerproben kräftig.

Das Wasser wird nun langsam durch die jeweilige Erde sickern und dann durch die Öffnung in den unteren Flaschenteil tropfen. Du wirst sehen, dass das Wasser durch den Sand sehr viel schneller abfließt als durch die Erde. Durch den Ton kommt es vielleicht gar nicht oder nur sehr langsam durch.

Wurzelrekord

Je größer Pflanzen sind, desto tiefer reichen meist auch ihre Wurzeln. Erstens um die Pflanze gut zu verankern, zweitens um viel Wasser aufnehmen zu können. Bei einem Feigenbaum in einem sehr trockenen Gebiet in Südafrika wurden mal Wurzeln gemessen, die 120 Meter in die Tiefe gewachsen sind.

Das steckt dahinter

Im Vergleich zu Wasser ist Sand sehr grob. Das Wasser kann also leicht zwischen den einzelnen Körnern durchfließen. Pflanzen, die in sehr sandigem Boden wachsen, haben deshalb kaum eine Chance, etwas davon zu erwischen. Kaum hat es geregnet, ist alles schon wieder weggesickert. Ton dagegen ist so fein, dass das Wasser gar nicht mehr durchkommt. Im Gegenteil: Wasser und Tonpulver verbinden sich zu einer klebrigen Schicht. Wenn die in der Sonne trocken wird, bleibt steinharter Boden zurück, in dem kaum eine Pflanze wachsen kann. Pflanzen brauchen deshalb eine gute Erdmischung, durch die das Wasser langsam nach unten sickert. Auf diese Weise können zuerst die Wurzeln, die knapp unter der Erdoberfläche liegen, etwas davon aufnehmen, später auch die tieferen.

Wieder sauber – Baue dir eine Pflanzenkläranlage

Vielleicht hast du ja schon einmal eine Kläranlage besucht. Dort wird all das schmutzige Wasser, das wir beim Waschen, beim Spülen, beim Duschen oder beim Toilettengang produzieren, wieder gereinigt. Aber auch die Natur hat Reinigungskräfte, wie dir dieses Experiment zeigt.

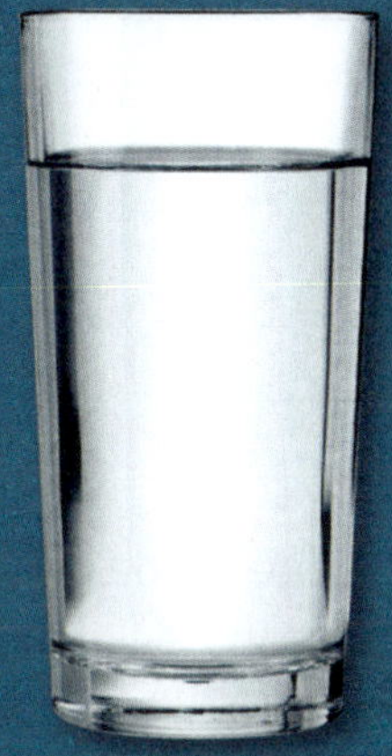

Mache dazu diesen Versuch

1. Lege die PET-Flaschen längs hin und schneide dann den oberen Teil ab, sodass du eine Art flache Schale bekommst. Die Tülle, also der Ausguss der Flasche, sollte aber noch dran sein. Lasse dir von einem Erwachsenen helfen, wenn das zu schwierig ist.

Das brauchst du

- 2 leere PET-Flaschen aus dünnem Plastik
- spitze Schere
- einige Handvoll Erde
- Stück ausgestochene Wiese
- 2 kleine, flache Holzstücke
- 2 Schalen oder Becher
- dreckiges Wasser, zum Beispiel Spülwasser oder aus einer Regentonne

2. Fülle die eine Flasche mit Erde und lege in die andere das ausgestochene Stück Wiese.

3. Lege beide Flaschen nun auf einen Balken, einen Backstein oder eine kleine Mauer. Die Tülle sollte darüber hinausragen, sodass du die Schalen (oder Becher) zum Auffangen der Flüssigkeit darunterschieben kannst. Unter das hintere Teil der Flaschen schiebst du die Holzstücke, damit sie vorne ein bisschen tiefer liegen.

4. Nun gießt du die Erde in beiden Flaschen gründlich mit dem Dreckwasser. Am besten nicht zu viel auf einmal, sondern gieße immer wieder nach.

H_2O

Nach einer Weile wird aus beiden Flaschen Wasser durch die Tülle in die Auffangbehälter laufen. Doch das Wasser aus der Flasche mit der losen Erde wird weiterhin dreckig sein, wahrscheinlich sogar dreckiger als vorher, weil viel Erde mitgeschwemmt wurde. Aus der Flasche mit dem Wiesenstück wird dagegen ziemlich klares, sauberes Wasser kommen.

Wunderwurzelwerk

Lasse nach deinem Experiment das ausgestochene Stück Wiese trocknen und versuche dann, es auseinanderzureißen. Dabei wirst du sehen, wie dicht es mit Wurzeln durchzogen ist. Und wie gut die Wurzeln alles zusammenhalten.

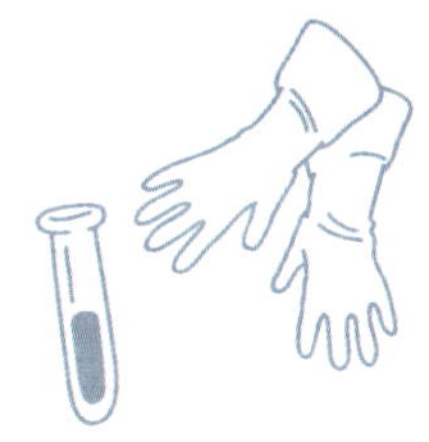

Das steckt dahinter !

Auch in dreckigem Wasser stecken oft Stoffe, die die Pflanzen brauchen können. Sie saugen sie mit ihren Wurzeln heraus. Andere Stoffe bleiben an den Erdkrümeln hängen oder werden von Bodenpilzen oder Bakterien weggefischt. Bis das Wasser in einigen Metern Tiefe im sogenannten Grundwasser angekommen ist, ist es meistens wieder klar und sauber. Das funktioniert besonders gut, wenn der Boden oben bewachsen und gut durchwurzelt ist. Denn sonst wird die Erde vom Wasser mitgeschwemmt. Jetzt fragst du dich vielleicht, warum dreckiges Wasser dann in Kläranlagen gereinigt und nicht einfach auf die Erde gekippt wird. Doch in dreckigem Wasser sind oft auch giftige Stoffe, die im Boden hängen bleiben und die Pflanzen schädigen würden. Im Experiment auf der Seite 86 erfährst du mehr darüber.

Das brauchst du

- 1 Stück Rotkohl
- Küchenmesser
- destilliertes Wasser (gibt es im Drogeriemarkt)
- Kochtopf und Schüssel
- Sieb
- etwas Erde
- Löffel

Sauer macht nicht immer lustig – Bestimme den pH-Wert

Hast du schon mal davon gehört, dass Boden sauer sein kann? Das mögen die meisten Pflanzen gar nicht. Mit diesem Experiment kannst du die Erde in deinem Blumenkasten oder Gartenbeet testen.

Mache dazu diesen Versuch

1. Schneide den Rotkohl mit dem Küchenmesser in feine Streifen.
2. Erhitze das destillierte Wasser in einem sauberen Topf, gib den Kohl hinein und koche ihn 20 Minuten lang. Destilliertes Wasser ist besonders gereinigt. Das ist in diesem Fall wichtig, weil du ja nur die Erde testen willst, nicht auch das Wasser.

3. Gieße das verfärbte Wasser durch das Sieb in eine saubere Schüssel. Lasse dir hierbei von einem Erwachsenen helfen, denn der Topf ist sehr heiß. Gib dann mit dem Löffel die Erde hinein, die du testen willst. Aber nur ein kleines bisschen, sonst wird alles schlammbraun!

Wahrscheinlich passiert gar nicht viel. Es kann auch sein, dass sich das violette Wasser deutlich verfärbt. Entweder wird es rot oder blau oder sogar grün.

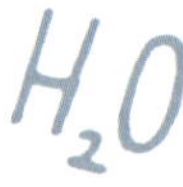

Noch mehr Tests

Anstatt Rotkohl kannst du für deine Messung auch Teststreifen aus dem Gartengeschäft benutzen. Sie zeigen dir einen genauen Wert an, wie sauer oder basisch dein Boden ist. Man nennt das pH-Wert. Ein Wert von 7 ist neutral. Je weiter der Wert unter 7 liegt, desto saurer ist der Boden. Je höher er über 7 liegt, desto basischer ist er. Mit den Teststreifen (oder Rotkohlwasser) kannst du aber nicht nur Erde, sondern auch anderes testen: Essig, Cola, Apfelsaft, Milch, Regenwasser, deine eigene Spucke, Putzmittel und vieles mehr. Wetten, dass du dabei erstaunliche Entdeckungen machst?

Das steckt dahinter !

Wenn du schon das Experiment von der Seite 43 gemacht hast, dann ist der Rotkohl ein alter Bekannter von dir. Du weißt, dass sein Kochwasser sich verfärbt, wenn es mit Säuren oder Basen in Berührung kommt. Ist die Erde also sauer, dann wird sich das Wasser pink oder rot verfärben. Ist sie basisch, dann wird es blau oder sogar grün werden. Die meisten Pflanzen, zum Beispiel alles Gemüse, mögen aber am liebsten neutrale Erde.

Wenn sich das Wasser in deinem Glas gar nicht verfärbt, ist also alles gut. Nur wenige Pflanzen wie Heidelbeeren und andere Waldpflanzen mögen lieber leicht saure Erde. Zu viel Säure aber ist für alle Pflanzen ein Problem. „Saurer Regen", der mit sauren Abgasen gemischt ist, kann deshalb viel Schaden anrichten. Ist die Erde nicht sauer genug, kann man tatsächlich etwas Essigwasser gießen – aber nie puren Essig! Alternativen sind Kaffeesatz oder Erde aus dem Wald mit vielen abgefallenen Nadeln.

Zahlreiche Kräuter, aber auch Zitronenbäumchen oder Astern mögen es dagegen lieber basisch. Ihnen kann man es recht machen, wenn man Kalk in den Boden mischt.

Wertvoller Kompost – Mache dir ein Regenwurmglas

Der Regenwurm ist der beste Freund des Gärtners, sagt man. Warum das so ist, kannst du in diesem Experiment sehen.

Mache dazu diesen Versuch

1. Fülle abwechselnd eine Schicht Sand und eine Schicht Erde in das Glas ein. Jede Schicht sollte etwa drei Zentimeter dick sein. Ganz oben legst du das feuchte Laub oder die Gemüseschalen darauf.

2. Nun suchst du dir im Garten zwei oder drei Regenwürmer. Das ist am leichtesten, wenn es gerade geregnet hat, weil die Würmer dann an die Erdoberfläche kommen. Nimm sie ganz behutsam auf und lege sie auf das Laub in deinem Glas.

3. Nun bohrst du mit dem Piker lauter kleine Löcher in das Butterbrotpapier. Lege das Papier über das Glas und befestige es mit dem Haushaltsgummi.

Das brauchst du

- 1 großes Einmachglas oder großes Schraubglas
- Sand
- Erde
- etwas feuchtes Laub oder Küchenabfälle wie Kartoffel- und Zwiebelschalen
- 2 bis 3 Regenwürmer
- etwas zum Piken, zum Beispiel eine Nadel oder Pinnadel, oder einen Handbohrer
- 1 Stück Butterbrotpapier
- Haushaltsgummi
- Gießkanne oder Sprühflasche mit Wasser

4. Alternativ kannst du auch mit einem Handbohrer Löcher in den Schraubdeckel des Glases bohren und ihn dann daraufschrauben. Wichtig ist, dass deine Regenwürmer Luft bekommen.

5. Nun stellst du das Glas in einen dunklen Raum. Einmal pro Tag holst du es hervor, öffnest es und sprühst oder gießt ein wenig Wasser auf das Laub. Dann verschließt du es wieder und stellst es erneut dunkel.

Die Regenwürmer werden quer durch die Schichten in deinem Glas wandern und dabei Erde und Sand miteinander vermischen. Auch das Laub oder die Schalen arbeiten sie in die Erde ein.

Achtung, lebendig!

Bitte gehe sehr sorgsam mit deinen Regenwürmern um. Schließlich sind sie lebendige Tiere, auch wenn sie nicht so niedlich aussehen wie Eichhörnchen oder Igel. Fange sie behutsam, halte die Erde gut feucht und lasse die Würmer nach deinem Experiment wieder frei. Setze sie nicht irgendwo hin, sondern in eine feuchte Ecke im Garten, wo sie sich schnell wieder in der Erde eingraben können.

Das steckt dahinter !

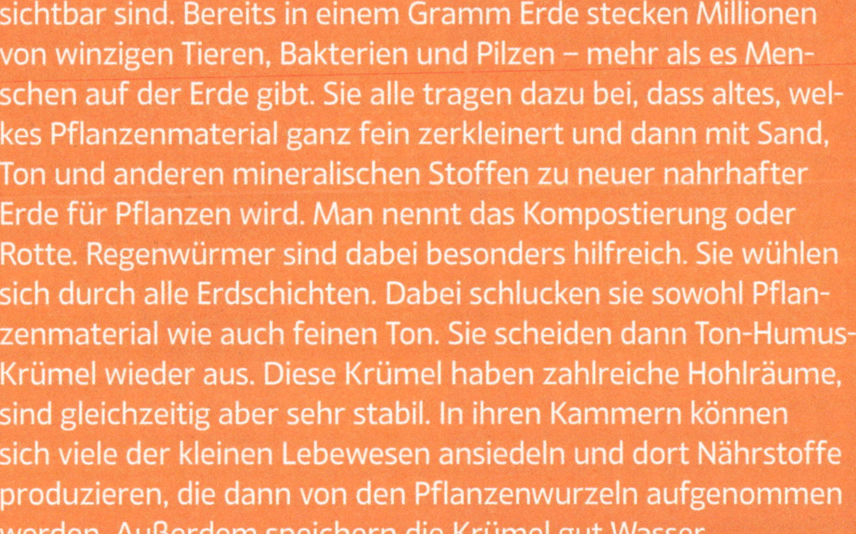

Im Boden wimmelt es von Lebewesen. Die meisten sind so klein, dass sie mit bloßem Auge nicht sichtbar sind. Bereits in einem Gramm Erde stecken Millionen von winzigen Tieren, Bakterien und Pilzen – mehr als es Menschen auf der Erde gibt. Sie alle tragen dazu bei, dass altes, welkes Pflanzenmaterial ganz fein zerkleinert und dann mit Sand, Ton und anderen mineralischen Stoffen zu neuer nahrhafter Erde für Pflanzen wird. Man nennt das Kompostierung oder Rotte. Regenwürmer sind dabei besonders hilfreich. Sie wühlen sich durch alle Erdschichten. Dabei schlucken sie sowohl Pflanzenmaterial wie auch feinen Ton. Sie scheiden dann Ton-Humus-Krümel wieder aus. Diese Krümel haben zahlreiche Hohlräume, sind gleichzeitig aber sehr stabil. In ihren Kammern können sich viele der kleinen Lebewesen ansiedeln und dort Nährstoffe produzieren, die dann von den Pflanzenwurzeln aufgenommen werden. Außerdem speichern die Krümel gut Wasser.
Sie sind die beste Gartenerde, die es gibt.

Gut verrottet? – Lasse Müll verschwinden

Abfall gibt es in der Natur nicht. Alles wird zersetzt und wieder als Baustoff für neues Leben zur Verfügung gestellt. Aber was passiert mit den Dingen, die die Menschen gemacht haben?

Das brauchst du

- Küchenreste wie Kartoffel- oder Bananenschalen, gerne auch Knochen oder große Kerne von Pfirsichen oder Avocados
- kleine Holzstücke, mit lackierter Oberfläche und ohne Lackierung
- Plastiktüte
- andere Dinge, die du testen willst
- Stäbchen oder Schilder zum Markieren

Mache dazu diesen Versuch

1. Suche dir eine geeignete Stelle, wo du Sachen für einige Monate vergraben kannst. Am besten eine Ecke in eurem Garten, wenn ihr einen habt. Oder vielleicht in dem von Freunden oder Verwandten. Fragt aber vorher, ob ihr dieses Experiment bei ihnen durchführen dürft. Und beseitigt hinterher alles, was nicht verrottet ist.

2. Grabe alle Gegenstände, die du dir zurechtgelegt hast, einzeln ein, jedes aber mindestens eine Handlänge tief. Markiere die Stellen mit einem Stäbchen oder Schild.

3. Nach etwa einem halben Jahr gräbst du Stelle für Stelle vorsichtig wieder auf und schaust nach, wie sich der Gegenstand verändert hat.

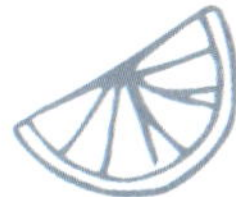

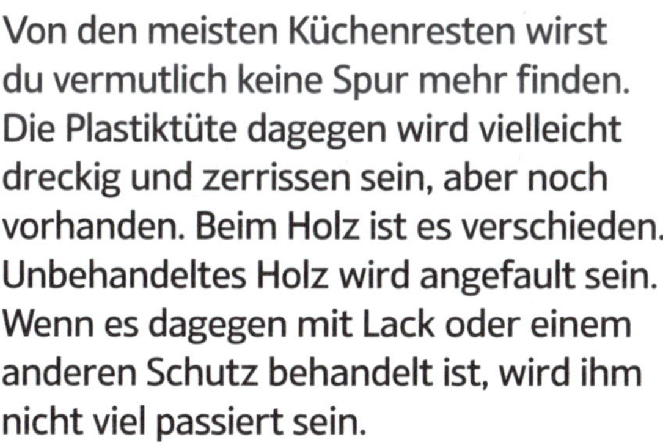

Von den meisten Küchenresten wirst du vermutlich keine Spur mehr finden. Die Plastiktüte dagegen wird vielleicht dreckig und zerrissen sein, aber noch vorhanden. Beim Holz ist es verschieden. Unbehandeltes Holz wird angefault sein. Wenn es dagegen mit Lack oder einem anderen Schutz behandelt ist, wird ihm nicht viel passiert sein.

Plastik und Mikroplastik im Wasser

Auch in unseren Flüssen, Bächen oder Meeren finden sich Plastik und Mikroplastik. In den Ozeanen schwimmen riesige Müllteppiche. Tiere verletzen sich an spitzen Kanten. Fische und Delfine verheddern sich in alten Fischernetzen und verenden. Oft halten die Meerestiere den Plastikmüll auch für Nahrung. Mikroplastik ist so klein, dass es kaum zu sehen ist. Deshalb wird es von Tieren auch mitaufgenommen. Wir Menschen nehmen dann das Mikroplastik auf, wenn wir beispielsweise Meeresfische essen. Und das ist nicht nur eklig, sondern auch ungesund. Deshalb darf Plastik nicht einfach in die Natur geschmissen werden, sondern gehört in die Mülltonne und wird dann in einer Müllverbrennungsanlage verbrannt.

Das steckt dahinter !

Alle natürlichen Materialien verrotten mit der Zeit und werden so zum Ausgangsmaterial für neue Pflanzen, aber auch zu Erde, Wasser und Luftmolekülen. Manche Dinge werden ganz schnell zerlegt, andere, wie Holz, Knochen oder große Kerne, viel langsamer. Mit Plastik und anderen Kunststoffen funktioniert das nicht, obwohl auch sie aus einzelnen Molekülen bestehen. Weil es in der Natur keine Tiere, Bakterien oder Pilze gibt, die sie zerlegen können, können sie viele Jahrhunderte unbeschadet im Boden überstehen.

Geheimnisvoller Code – Mache DNS sichtbar

Sicher hast du dich schon einmal gefragt, wie eine Pflanze eigentlich weiß, wie sie wachsen soll. Warum wird aus einem Samenkorn ein Radieschen und kein Kürbis? Oder etwas ganz anderes? Das liegt daran, dass in den Zellen von Pflanzen, Tieren und Menschen eine Bauanleitung eingebaut ist. Dieser geheimnisvolle Code steckt in einem großen Molekül, das Forscher*innen Desoxyribonukleinsäure nennen. Aber du darfst DNS dazu sagen. Versuch doch mal, die DNS sichtbar zu machen!

Das brauchst du

- Desinfektionsmittel
- Sieb
- 2 Becher
- 1 Erdbeere (oder anderes weiches Obst)
- 1 Schraubglas mit Deckel
- Wasser
- Spülmittel
- Salz
- kleinen Messbecher oder Küchenwaage
- Kaffeefilter

Mache dazu diesen Versuch

1. Stelle das Desinfektionsmittel in das Gefrierfach.
2. Lege das Sieb auf einen Becher und drücke die Erdbeere oder anderes Obst durch, sodass etwas Fruchtfleisch hineinläuft.

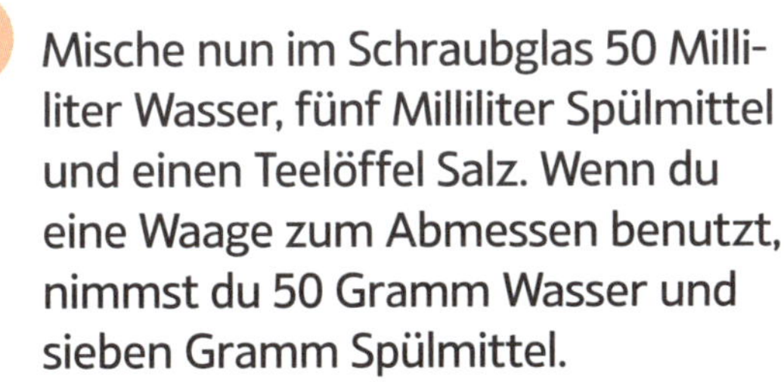

3. Mische nun im Schraubglas 50 Milliliter Wasser, fünf Milliliter Spülmittel und einen Teelöffel Salz. Wenn du eine Waage zum Abmessen benutzt, nimmst du 50 Gramm Wasser und sieben Gramm Spülmittel.

4. Schraube das Glas zu und schüttle die Mischung gut durch.

5. Nun gibst du ganz vorsichtig einen halben Teelöffel dieser Flüssigkeit zu deinem Erdbeermus im Becher.

6. Schwenke den Becher sanft, damit sich beides mischt, und lasse ihn zehn Minuten stehen.

7. Filtere die Mischung durch einen Kaffeefilter in den zweiten Becher.

8. Hole nun das Desinfektionsmittel aus dem Tiefkühlfach und gieße etwa fünf Milliliter – oder fünf Gramm – ganz langsam und vorsichtig über den Rand dazu.

In deinem Becher wird eine weiße Wolke sichtbar. Das ist die DNS.

Den eigenen Bauplan sehen

Und deine eigene DNS? Du kannst versuchen, auch die sichtbar zu machen. Schrubbe dir mit der trockenen Zahnbürste ganz fest über die Zunge und die Haut im Mund. Dann spucke in den Becher. In deiner Spucke sollten nun abgelöste Hautzellen sein. Mache mit der Spucke genauso weiter wie mit dem Fruchtmus. Am Ende wird deine DNS dann auch gar nicht so viel anders aussehen wie die des Obstes und trotzdem ist auf diesen Fäden vermerkt, dass du keine süße Frucht mit Kernen, sondern ein Mensch mit Händen und Füßen bist.

Das steckt dahinter

Jedes Lebewesen ist aus lauter winzig kleinen Zellen zusammengesetzt. Und im Kern jeder Zelle befindet sich die Bauanleitung, die DNS. Sie bildet dort lange, zusammengeknüllte Fäden. Das Spülmittel in deinem Experiment macht die Hülle der Zellen kaputt. Das Salz und der Alkohol im Desinfektionsmittel sorgen dafür, dass die DNS nicht in der Lösung bleibt, sondern abgesondert wird. So werden die Fäden sichtbar. Den geheimnisvollen Code, der darauf „geschrieben" steht, kannst du so aber nicht entziffern. Das können nur Wissenschaftler*innen in ganz speziellen Laboren.

Samenkorn – Lasse Keimlinge wachsen

Wie kommt es eigentlich, dass aus einem winzigen Samenkorn eine große Pflanze wird? Wenn du Keimlinge ziehst, kannst du ihnen beim Wachsen zugucken.

Das brauchst du

- 1 oder mehrere flache Schalen
- Küchenpapier
- Wasser H_2O
- Sprühflasche oder Gießkanne
- verschiedene Samenkörner, zum Beispiel Erbsen, Radieschensamen und Weizenkörner
- Sieb

Mache dazu diesen Versuch

1. Lege die Schale mit drei oder vier Lagen Küchenpapier aus.
2. Gieße nun vorsichtig Wasser über das Papier. Es sollte gut durchfeuchten, aber nicht im Wasser liegen. Wenn du zu viel Wasser in die Schale gegeben hast, kippe sie und lasse das Wasser über den Rand ablaufen.

3. Schütte etwa einen Esslöffel Samenkörner von einer Sorte in das Sieb und wasche sie.
4. Erbsen weichst du zwölf Stunden im Wasser ein. Bei kleineren Samen fällt dieser Schritt weg.

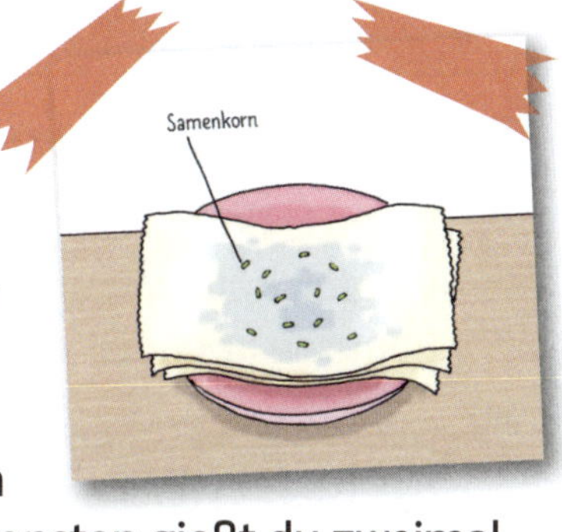

5. Verteile dann die Samenkörner auf dem Küchenpapier. Die Samen sollten einander nicht berühren.

6. Nun musst du die Samen und das Papier immer feucht halten. Aber es darf kein Wasser in der Schale stehen. Sonst faulen die Samen. Wenn du eine Sprühflasche hast, kannst du die Samen vier- oder fünfmal am Tag leicht einnebeln. Ansonsten gießt du zweimal am Tag und lässt überschüssiges Wasser ablaufen. Erbsen wachsen besser, wenn du sie in den ersten zwei Tagen dunkel abdeckst.

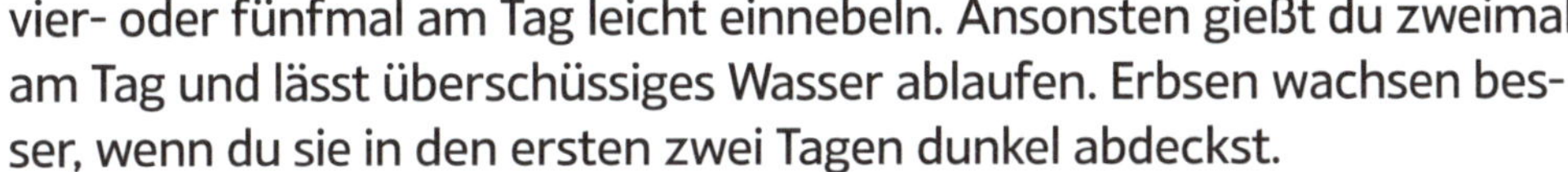

Nach ein paar Tagen wird die äußere Schale der Samen platzen und es schiebt sich langsam ein kleiner weißlicher Finger heraus. Der Samen ist gekeimt. Wenn du dann weiter fleißig gießt, wird aus den Fingern eine Mini-Pflanze mit zarten, grünen Blättern.

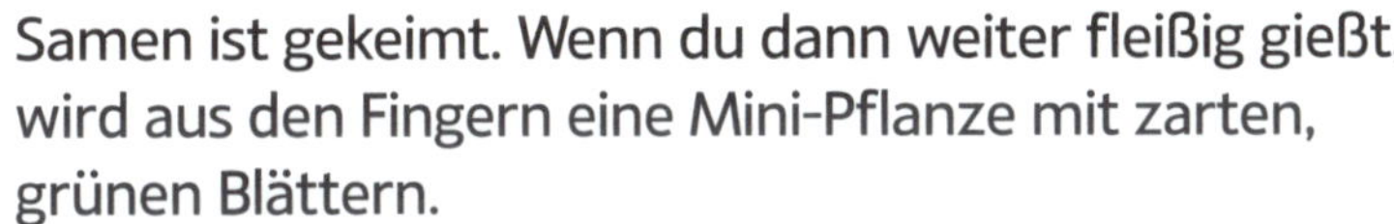

Lasse es dir schmecken!

Und was machst du mit deinen Keimen, wenn sie herangewachsen sind? Die meisten kannst du essen. Wasche sie aber bitte vorher gründlich in einem Sieb. Radieschenkeimlinge schmecken zum Beispiel im Salat. Weizenkeimlinge sind ein bisschen süßlich und können prima ins Müsli gestreut werden. Die Keimlinge von Bohnen und Erbsen dagegen darfst du nicht roh essen, weil sie Gift enthalten (Bohnen noch mehr als Erbsen). Du kannst sie aber in einer Suppe mitkochen. Oder du pflanzt sie in die Erde um. Erbsen dürfen ab Ende März ins Freie, Bohnen ab Mitte Mai.

Tipps zum Anpflanzen

- Wenn du mehrere Sorten gleichzeitig ziehst, kannst du vergleichen, wie unterschiedlich schnell sie wachsen. Benutze aber für jede Sorte eine eigene Schale.
- Mit speziellen Keimschalen oder Keimgläsern funktioniert das Gießen leichter. Wenn ihr so etwas besitzt, kannst du das gerne benutzen.
- Hast du eine Lupe? Damit kannst du das Wachstum der Keimlinge besonders gut beobachten.

Das steckt dahinter !

In Samenkörnern stecken viele Nährstoffe. Das merkst du ja selbst, wenn du zum Beispiel Erbsen isst. Sie machen satt. Genauso wie das Brot aus Weizenkörnern. Mitten in diesen Nährstoffen ist aber noch ein winziger Zellklumpen eingebettet, aus dem sich später die Babypflanze entwickelt. Du kannst ihn mit bloßem Auge nicht sehen, selbst wenn du ein Samenkorn aufschneiden würdest. Solange die Samen trocken sind, passiert im Inneren gar nichts. Das Wasser jedoch ist ein Startschuss. Nun quillt die Schale und platzt. Die Nährstoffe wandeln sich um, sodass der Zellklumpen sie aufnehmen und wachsen kann. Manche Samen aber brauchen nicht nur Wasser, um mit dem Wachsen zu beginnen. Erbsen keimen zum Beispiel im Dunkeln besser. Denn wenn sie in der Natur nicht tief in der Erde stecken, haben sie später keinen guten Halt. Andere Samen keimen erst nach einer Kälteperiode. Das macht Sinn, denn wenn sie schon im Herbst auskeimen würden, würden die zarten jungen Pflanzen den Winter nicht überstehen.

Pflanzengrüße – Zaubere Botschaften auf Blätter

Mit diesem Experiment kannst du ein ganz besonderes Geschenk für einen lieben Menschen schaffen. Vielleicht zum Muttertag oder zu einem Geburtstag. Aber du erfährst auch, warum Licht für Pflanzen so wichtig ist.

Mache dazu diesen Versuch

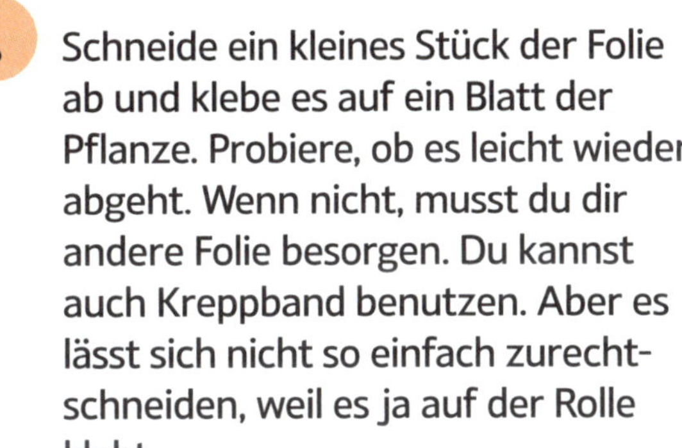

1. Schneide ein kleines Stück der Folie ab und klebe es auf ein Blatt der Pflanze. Probiere, ob es leicht wieder abgeht. Wenn nicht, musst du dir andere Folie besorgen. Du kannst auch Kreppband benutzen. Aber es lässt sich nicht so einfach zurechtschneiden, weil es ja auf der Rolle klebt.

Das brauchst du

- Klebefolie (egal, wie sie aussieht, sie darf nur nicht durchsichtig sein) oder Kreppband
- 1 Pflanze mit möglichst kräftigen, grünen Blättern. Wenn es ein Geschenk werden soll, sollte es eine schöne sein. Du kannst aber auch die Blätter eines Baumes oder Strauches im Garten benutzen.
- Schere

2. Schneide nun aus der Folie schöne Muster oder Buchstaben aus: Punkte, Herzchen, Sterne, vielleicht den Namen des Beschenkten oder die Botschaft „Für dich".

3. Ziehe die Schutzfolie auf der Rückseite ab und verteile deine Botschaften auf den Blättern der Pflanze.

4. Stelle die Pflanze ans Licht und gieße sie gut, damit sie ordentlich wächst.

5. Nach zwei oder drei Wochen entfernst du die Klebemuster vorsichtig von den Blättern.

Unter der Folie ist das Blatt ausgebleicht. Deine Botschaft zeichnet sich hell auf dem dunkleren Grün ab.

Der Speisezettel der Pflanzen

Vielleicht fragst du dich, warum Pflanzen noch gute Erde oder Dünger brauchen, wenn sie sich doch ihre Nahrung selbst herstellen können (siehe unten). Aber bei der Fotosynthese entsteht eben nur Kraftnahrung. Du lebst ja auch nicht nur von Zucker, sondern brauchst auch lebenswichtige Vitamine und Mineralstoffe, die zum Beispiel in Obst, Gemüse oder Getreide stecken. Auch Pflanzen brauchen diese Mineralstoffe unbedingt – und holen sie sich aus der Erde. Und damit wirklich genug davon da sind, hilft düngen, zum Beispiel mit Kaffeesatz oder Teeblättern.

Das steckt dahinter

In den grünen Blättern läuft ein ganz toller Prozess ab, der Fotosynthese genannt wird. Mithilfe von Licht und dem grünen Blattfarbstoff – er heißt Chlorophyll – können Pflanzen aus Wasser und dem Luftmolekül Kohlenstoffdioxid, das du im Experiment von der Seite 8 kennengelernt hast, Zucker herstellen. Er ist ein bisschen anders als der Zucker, den du aus der Küche kennst, und ist weniger süß. Außerdem speichern Pflanzen den Zucker meist in ihren Früchten. Grüne Blätter schmecken deswegen auch nicht süß. Für Pflanzen ist dieser Zucker eine Kraftnahrung. Dort aber, wo die Blätter zugeklebt sind, bekommen sie kein Licht ab und können auch keine Fotosynthese betreiben. Deswegen stellen sie dort kein Chlorophyll her und bleichen aus. Die Zellen direkt daneben funktionieren ganz normal und das Blatt bleibt dort schön grün.

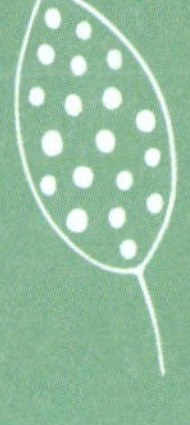

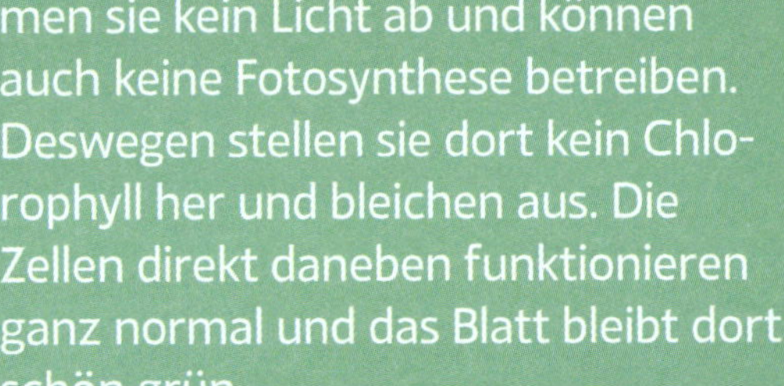

Starke Bohnen – Lasse Becher krachen

Keimlinge sehen ganz zart und empfindlich aus. Klar, sie sind ja auch noch Babypflanzen. Aber trotzdem können sie ganz schön stark sein – wie das nächste Experiment beweist.

Das brauchst du

- Gips
- Wasser
- 1 größeren, sauberen Joghurt- oder Buttermilchbecher
- 1 kleinen, sauberen Joghurtbecher
- Messbecher oder Waage
- alten Löffel oder Stock zum Umrühren
- dicke, trockene Bohnenkerne

Mache dazu diesen Versuch

1. Rühre im großen Becher den Gips an. Wie das geht, steht auf der Packung. Aber es ist nicht leicht, die richtigen Mengen auszurechnen. Suche dir jemanden, der das kann. Nimm den kleinen Becher voll Wasser und lasse deinen Rechenassistenten die richtige Menge Gips abmessen. Macht den Gips eher etwas nässer als zu trocken.

2. Schwenke die Bohnenkerne kurz im Wasser.

3. Gieße etwas Gips in den kleinen Becher, lege die Bohnenkerne hinein und schütte dann den Rest drauf.
4. Lasse den Gips trocknen.

Nach ein paar Stunden oder auch ein oder zwei Tagen wird der Gips rissig. Irgendwann wird auch der Joghurtbecher zerspringen. Und in den Rissen siehst du die Bohnenkerne. Wenn du sie nun gießt, kann es sogar sein, dass sie aus dem Gips herauswachsen.

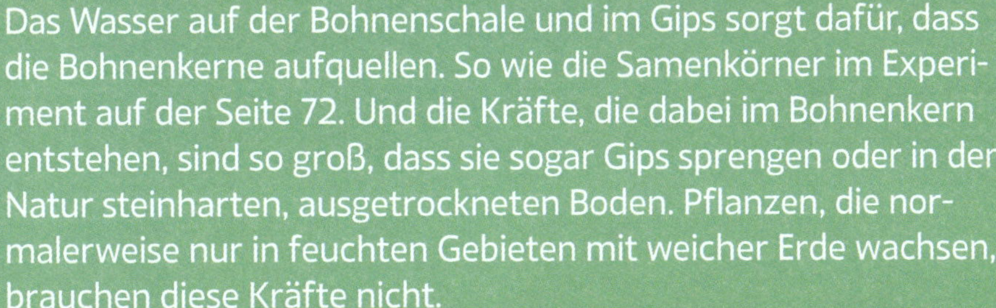

Das steckt dahinter !

Das Wasser auf der Bohnenschale und im Gips sorgt dafür, dass die Bohnenkerne aufquellen. So wie die Samenkörner im Experiment auf der Seite 72. Und die Kräfte, die dabei im Bohnenkern entstehen, sind so groß, dass sie sogar Gips sprengen oder in der Natur steinharten, ausgetrockneten Boden. Pflanzen, die normalerweise nur in feuchten Gebieten mit weicher Erde wachsen, brauchen diese Kräfte nicht.

Zum Licht – Ärgere deine Bohnenkeimlinge

Um möglichst viel Licht abzukriegen, nehmen Pflanzen gewaltige Anstrengungen auf sich. Mit diesem Experiment spornst du sie zu Höchstleistungen an.

Das brauchst du

- 1 Karton mit Deckel, zum Beispiel einen Schuhkarton
- Schere oder Messer
- einige Bohnenkeimlinge
- 1 flache Schale mit Erde, die in den Karton passt
- einige kleine Bausteine

Mache dazu diesen Versuch

1. Schneide auf einer der schmalen Seiten eine Öffnung in den Karton.

2. Lege die Bohnenkeime auf die Erde in der Schale und stelle diese in den Karton. Und zwar möglichst weit weg von der Öffnung.

3. Nun kannst du aus den Bausteinen auch noch eine kleine Mauer bauen und in die Mitte des Kartons stellen. Sie darf aber nicht von einer Seite bis zur anderen reichen. Aber du kannst sie auch erst einmal weglassen.

4. Lege den Deckel auf und stelle die Kiste mit der Öffnung zum Fenster, sodass Licht hineinfällt.

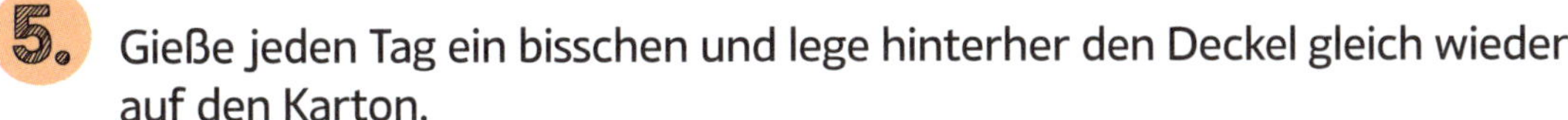

5. Gieße jeden Tag ein bisschen und lege hinterher den Deckel gleich wieder auf den Karton.

Deine Bohnenkeimlinge werden mit der Zeit immer größer. Aber sie wachsen nicht nach oben wie normale Pflanzen, sondern werden durch die Schachtel in Richtung der Öffnung kriechen.

Das steckt dahinter

Im Experiment auf der Seite 75 hast du erfahren, wie wichtig Licht für Pflanzen ist. Sie brauchen es, um Fotosynthese betreiben zu können. Also versuchen sie, möglichst viel davon abzubekommen. Auch wenn Pflanzen offen auf der Fensterbank stehen, wachsen sie immer ein bisschen schräg zum Fenster hin, nicht in Richtung Raum. Wenn in deiner Schachtel auch nur ein bisschen Licht bis zu den Bohnenkeimlingen dringt, werden sie das merken und in diese Richtung wachsen. Irgendwann schauen sie zum Loch heraus. Wenn sie um die erste Mauer herumgewachsen sind, kannst du ihnen noch eine in den Weg stellen oder auch ein richtiges Labyrinth bauen.

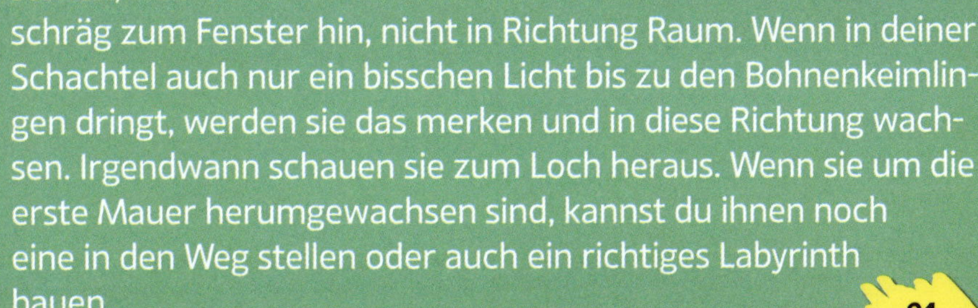

Gemüse aus Abfällen – Ziehe „ewigen" Lauch

Gemüse kann nicht nur aus Samen wachsen. Mit etwas Glück wird aus dem abgeschnittenen Ende, dem Strunk, wieder eine neue Pflanze.

Das brauchst du

- 1 Stange Lauch oder 1 Lauchzwiebel
- Küchenmesser
- Trinkglas
- Wasser
- Blumentopf mit Erde

Mache dazu diesen Versuch

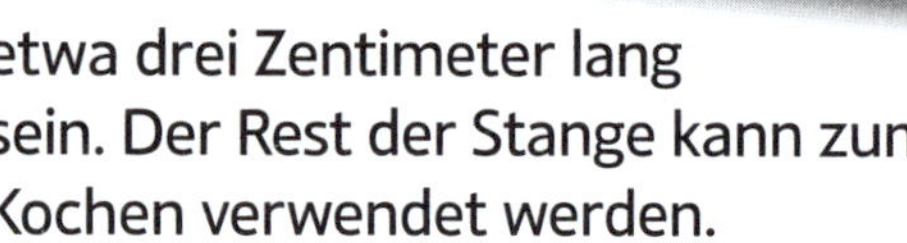

1. Schneide von der Lauchstange (oder der Lauchzwiebel) das unterste weiße Stück mit den Wurzelhaaren ab. Es sollte etwa drei Zentimeter lang sein. Der Rest der Stange kann zum Kochen verwendet werden.

2. Setze das Lauchstück mit den Wurzeln nach unten in das Glas und gieße so viel Wasser hinein, dass der Lauch etwa zur Hälfte bedeckt ist.
3. Stelle das Glas an einen hellen Platz und erneuere jeden Tag das Wasser, damit der Lauch nicht fault.

4. Wenn die Wurzeln lang und kräftig geworden sind, kannst du das Lauchstück vorsichtig in den Blumentopf mit Erde pflanzen.

5. Stelle den Topf an einen hellen, warmen Platz und gieße regelmäßig. Im Sommer kannst du deinen Lauch auch ins Freie pflanzen.

Wenn die Wurzeln kräftig genug sind und der Lauch gut angewachsen ist, wird aus der Mitte des Strunkes mit der Zeit eine neue Lauchstange wachsen. Wenn sie herangewachsen ist, kannst du sie ernten und leckere Gerichte damit kochen.

Das steckt dahinter !

Gemüse ist nicht „tot“, wenn es geerntet wird. Wenn die Wurzeln im Wasser wieder aktiviert worden sind, wächst der Lauch einfach wieder – auch wenn du das meiste davon weggeschnitten hast. Das klappt aber nicht mit allen Pflanzen. Doch auch aus den Strünken von Staudensellerie oder Kohlköpfen oder Romanasalat kann man Wurzeln ziehen – und damit wieder neue Pflanzen. Auch bei manchen Blumen oder Sträuchern – zum Beispiel Chrysanthemen – wächst ein abgeschnittenes Aststück, das man in die Erde steckt – ein Steckling –, wieder an und wird zu einer neuen Pflanze.

Pflanzenblut – Färbe Gemüseadern rot

Das brauchst du

- 1 Stange Stauden-sellerie
- Küchenmesser
- hohes Glas
- Wasser
- Lebensmittelfarbe oder Tinte, am besten in Rot

H_2O

Über ihre Wurzeln saugen die Pflanzen Wasser und Nährstoffe aus dem Boden. Und was passiert dann? Dieses Experiment zeigt es dir.

Mache dazu diesen Versuch

1. Schneide an der Selleriestange unten ein Stück ab, sodass es eine frische, glatte Kante gibt.
2. Fülle das Glas mit Wasser und gib ein paar Tropfen (rote) Farbe hinzu.

3. Stelle die Stange in das Glas und lasse sie ein paar Stunden stehen.

4. Schneide die Stange erst quer und dann längs durch.

Im Inneren der Selleriestange siehst du rote „Adern“.

Das steckt dahinter !

Die roten Bahnen sind nicht wirklich Adern, in denen Blut fließt wie beim Menschen, aber Kanäle, über die die Pflanze mit Wasser und Nährstoffen versorgt wird. Diese Röhrchen, die du schon im Experiment auf der Seite 36 kennengelernt hast, transportieren mit dem Wasser die rote Farbe und werden dadurch selbst rot und gut sichtbar.

Vorsicht, Gift! – Gießen mit Salz, Säure und Seife

Einige Substanzen, die wir im Haushalt verwenden, machen Probleme, wenn sie in den Boden oder ins Wasser gelangen. Warum das so ist, zeigt dir dieser Versuch.

Das brauchst du

- 4 Pflanzen, die gesund, aber nicht wertvoll sind. Du kannst dafür zum Beispiel auf einer Wiese Löwenzahn ausstechen.
- 4 Töpfe mit Erde
- 4 Gießkannen oder Gläser
- Wasser
- Salz
- Essig
- flüssige Seife

Mache dazu diesen Versuch

1. Pflanze die Pflanzen in die Töpfe ein und stelle sie an einen warmen, hellen Platz.

2. In den nächsten Tagen und Wochen gießt du sie so oft, wie du andere Zimmerpflanzen auch gießen würdest.

3. Beim Gießen aber rührst du bei einer Pflanze immer etwas Salz ins Wasser, bei der anderen ein bisschen Essig und bei der dritten ein wenig flüssige Seife. Gieße jede Pflanze immer mit demselben „Spezialwasser“ und benutze verschiedene Gefäße zum Gießen. (Oder wasche sie dazwischen gut aus.). Die vierte Pflanze gießt du zum Vergleich ganz normal mit Leitungswasser.

Den Pflanzen, die mit „Spezialwasser“ gegossen werden, wird dieses Experiment nicht gefallen. Nach und nach werden alle drei eingehen. Wie schnell das geht und welche Pflanze als Erstes kaputt ist, lässt sich nicht vorhersagen. Im Experiment auf der Seite 60 hast du ja schon gesehen, dass manche Pflanzen leicht sauren Boden mögen und andere überhaupt nicht. Einigen Pflanzen wird der Essig also nicht so schnell etwas ausmachen, während die anderen bald eingehen. Und Pflanzen, die am Meer wachsen, wie Strandrosen, vertragen Salz natürlich ganz gut, während zum Beispiel die hübschen kleinen Primeln ganz empfindlich darauf reagieren.

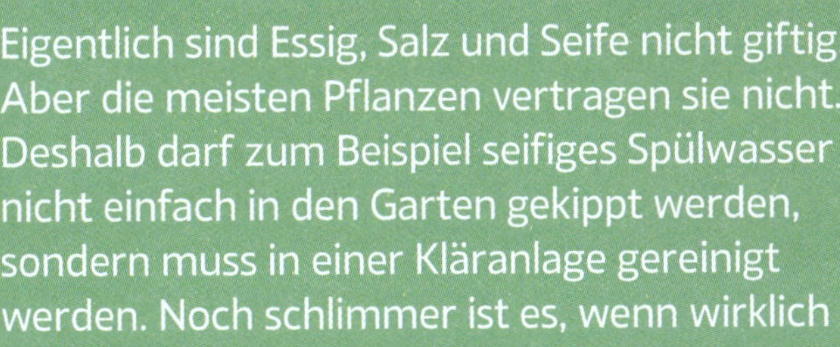

Das steckt dahinter

Eigentlich sind Essig, Salz und Seife nicht giftig. Aber die meisten Pflanzen vertragen sie nicht. Deshalb darf zum Beispiel seifiges Spülwasser nicht einfach in den Garten gekippt werden, sondern muss in einer Kläranlage gereinigt werden. Noch schlimmer ist es, wenn wirklich giftige Stoffe in die Natur gelangen.

Das brauchst du

- 1 weißes und 1 schwarzes Kleidungsstück
- 1 Schüssel mit Wasser
- 1 Schüssel mit hellem Sand
- 1 Schüssel mit feuchter Erde
- 1 Metallplatte, zum Beispiel ein Backblech
- wenn möglich 1 Stück Dachpappe
- andere Dinge, die du testen möchtest

Sonnenspeicher – Fange Wärme ein

Ohne Sonnenschein wäre die Erde ein Eisklumpen, auf dem kein Mensch wohnen könnte. Aber er heizt nicht alles gleich auf, wie dir dieses Experiment zeigt.

Mache dazu diesen Versuch

1. Du brauchst für dieses Experiment viel Sonnenschein. Je heißer, desto besser! Breite alle Dinge, die du testen willst, nebeneinander in der Sonne aus.
2. Lasse sie nun einige Stunden dort liegen. Dann fühlst du, wie heiß die verschiedenen Dinge geworden sind. Aber pass auf! Am Metall kannst du dich sogar verbrennen!

Du wirst sehen, dass nicht alle Dinge gleich warm werden. Das schwarze Kleidungsstück wird sich viel wärmer anfühlen als das weiße. Sand wird wärmer als Wasser, Metall heißer als feuchte Erde.

Der Trick mit der Solardusche!

Weißt du, wie du im Sommer ganz ohne Strom oder Heizung zu einer warmen Dusche kommst? Du nimmst einen stabilen schwarzen Müllsack, füllst ihn zu einem Drittel mit Wasser und bindest ihn gut zu. Dann legst du ihn für einige Stunden in die Sonne. Wenn der Sack warm geworden ist, muss dir jemand helfen, ihn hoch aufzuhängen, zum Beispiel an einem Schaukelgerüst. Dann stellst du dich darunter, pikst einige kleine Löcher in den Sack und lässt dich von dem aufgewärmten Wasser berieseln.

Das steckt dahinter !

Wie du schon im Experiment auf der Seite 34 gesehen hast, wird Wasser langsamer warm als Luft, speichert die Wärme dann aber länger. Doch einen solchen Unterschied gibt es nicht nur bei Wasser und Luft. Auch andere Stoffe nehmen Wärme unterschiedlich gut auf. So werfen zum Beispiel helle Stoffe viel von dem Sonnenlicht, das sie trifft, wieder zurück. Man nennt das Reflexion. Schwarze Stoffe dagegen reflektieren schlechter und nehmen mehr Wärme auf. Das ist ein Grund, warum die meisten Menschen im Sommer lieber helle Kleidung tragen. Auch Metall nimmt sehr viel Wärme auf und kann in der Sonne besonders heiß werden. Aber lege doch mal an einem kalten Tag eine Hand auf ein Stück Metall, die andere auf ein Stück Holz. Du wirst sehen, dass die Hand auf dem Metall viel schneller kalt wird. Das liegt aber nicht daran, dass das Metall kälter ist, sondern dass es Wärme besser leitet und deine Körperwärme schneller „klaut".

Die Farbe ist wichtig – Baue eine Sonnenmühle

Dunkle Flächen werden in der Sonne heißer als helle, das hast du im vorigen Experiment gelernt. Nun erfährst du, wie man durch diesen Unterschied eine Mühle antreiben kann.

Das brauchst du

- etwas Alufolie
- Schere
- schwarzen Permanentmarker
- Streichholz
- Klebstoff
- Bindfaden
- 1 leeres Glas, zum Beispiel ein Gurkenglas
- Bleistift

Mache dazu diesen Versuch

1. Schneide aus der Alufolie vier Quadrate aus. Die Seitenlänge soll ein bisschen kürzer als das Streichholz sein.
2. Male eine Seite der Quadrate mit dem Permanentmarker schwarz an.
3. Nun wird's kompliziert: Nimm das Streichholz, schmiere Klebstoff auf eine der vier Kanten und klebe dann die Kante eines Aluplättchens so an, dass es wie ein Flügel absteht.

4. Wenn es gut angetrocknet ist, klebst du die anderen Quadrate nacheinander an die anderen Kanten des Streichholzes. Dabei musst du aufpassen, dass sich jeweils eine helle und eine dunkle Seite der Plättchen „anschauen“. Am Ende hast du eine kleine Mühle mit vier Flügeln.

5. Knote nun vorsichtig den Bindfaden um das Köpfchen des Streichholzes und lasse deine Mühle in das Glas hängen.

6. Nun legst du den Bleistift quer über das Glas und bindest das andere Ende des Fadens daran fest. Deine Mühle sollte mitten im Glas hängen und nirgends anstoßen.

7. Zuletzt stellst du dein Glas ins Sonnenlicht.

Obwohl im Glas kein Wind herrscht, wird sich deine Mühle drehen.

Das steckt dahinter !

Die schwarzen Seiten der Quadrate werden in der Sonne stärker aufgeheizt als die hellen. Deswegen wird auch die Luft an der schwarzen Seite wärmer. Wie du aus dem ersten Kapitel weißt, dehnen sich in warmer Luft die Moleküle aus. Das führt zu Bewegung. Auch in der Natur entsteht Wind, weil sich manche Flächen in der Sonne stärker aufheizen als andere, zum Beispiel das Land stärker als das Meer oder Wüste mehr als Wald.

Wasser in der Wüste – Zaubere Trinkwasser

Mit diesem Experiment erfährst du, wie Überlebenskünstler in der Wüste Wasser zaubern können. Sie nutzen dazu den Treibhauseffekt. Du brauchst aber keine Wüste, nur einen sehr heißen Tag und einen sonnigen Platz.

Das brauchst du

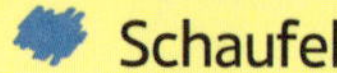

- Schaufel
- dreckiges Wasser, zum Beispiel Spülwasser oder aus der Regentonne
- Gießkanne
- Dose
- Stück Plastikfolie
- mehrere kleine Steine

Mache dazu diesen Versuch

1. Suche dir eine geeignete Stelle und grabe mit der Schaufel ein Loch in die Erde. Es muss etwas größer und tiefer als deine Dose sein.
2. Nun schüttest du das dreckige Wasser in der Gießkanne in das Loch.
3. Danach stellst du deine Dose mitten in das Loch.

4. Breite dann die Plastikfolie über das Loch und befestige sie am Rand, indem du Steine drauflegst. Das Loch muss tief genug sein, damit die Folie die Dose nicht berührt.

5. Einen kleinen Stein legst du mitten auf die Folie, damit sie genau über der Dose ein bisschen durchhängt.

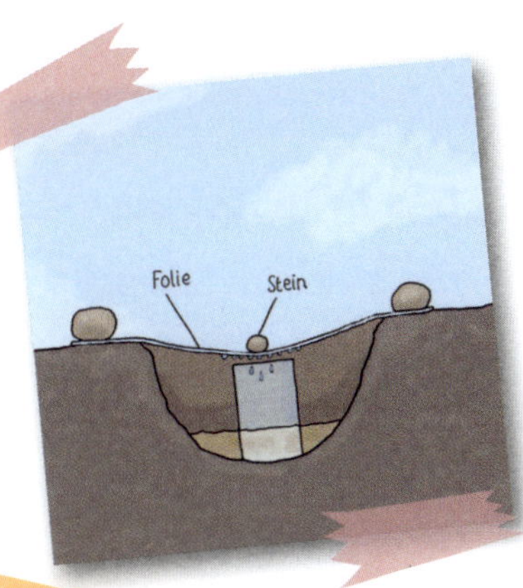

Je heißer die Sonne ist, desto mehr von dem Dreckwasser versickert nicht im Boden, sondern verdunstet. Weil der Wasserdampf aber nicht aus dem Loch herauskann, wird er an der Folie wieder zu Wasser. Nun ist es wichtig, dass die Folie genau über der Dose durchhängt. Denn dann fließen alle Tropfen zur tiefsten Stelle und fallen in die Dose, nicht daneben.

Das steckt dahinter !

In deinem Loch wirkt der gleiche Treibhauseffekt wie im Experiment auf der Seite 98. Weil aber nur das Wasser verdunstet, nicht der Dreck darin, tropft in die Dose ganz sauberes Wasser, das du trinken kannst. Genau dasselbe passiert übrigens in einem richtigen Treibhaus. Die Wassertropfen, die innen am Glasdach hängen, schmecken nicht nach Erde, obwohl das Gießwasser aus der feuchten Erde verdunstet. Und auch beim Kochen sammelt sich innen am Deckel nur Wasser ohne Geschmack, ganz egal, ob du Erbsensuppe, Tomatensoße oder Grießbrei kochst.

Feuer und Flamme – Spiele mit Sonnenstrahlen

In diesem Experiment lernst du die Sonnenstrahlen kennen. Vielleicht gelingt es dir sogar, ein Feuer zu entzünden. Bei diesem Experiment sollte aber ein Erwachsener in der Nähe sein.

Das brauchst du

- 1 kleinen Spiegel
- feine Holzwolle oder anderes ganz trockenes Pflanzenmaterial
- 1 Lupe 

Mache dazu diesen Versuch

1. Fange die Sonnenstrahlen mit dem Spiegel ein und lenke sie auf die Holzwolle.

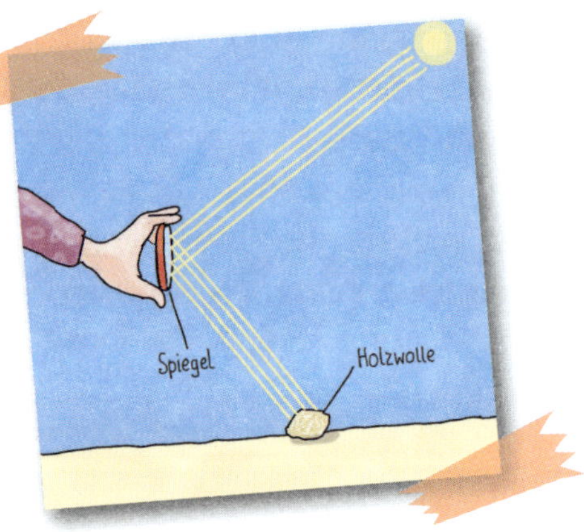

2. Danach probierst du dasselbe mit der Lupe.

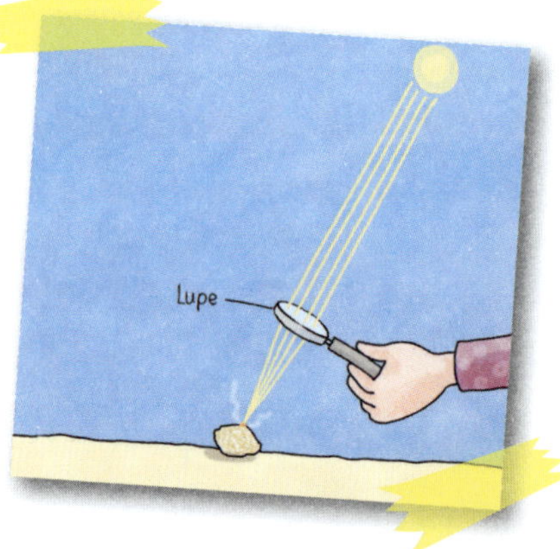

Mit dem Spiegel kannst du das Licht lenken, aber kein Feuer machen. Mit der Lupe wird es vielleicht gelingen.

Achtung!

Mache dein Experiment nur dort, wo nichts Brennbares in der Nähe ist. Zum Beispiel auf einer gepflasterten Einfahrt. In trockenen Sommern kann durch so eine Lupe oder sogar durch ein weggeworfenes Glas oder eine Aludose im schlimmsten Fall ein ganzer Waldbrand entstehen.

Das steckt dahinter

Spiegel reflektieren Sonnenlicht besonders gut. Sie werfen fast alles Licht wieder zurück – wohin, das kannst du mit deinem Spiegel bestimmen, indem du ihn hin und her wendest. Eine Lupe hat aber keine glatte, sondern eine gewölbte Oberfläche, die das Licht durchlässt und dann in einem Punkt bündelt. Und dort kann es so heiß werden, dass sich ein Feuer entzündet. Es ist aber nicht einfach.

Mit der Sonne grillen – Baue einen Alukocher

Grillen ist toll! Doch auch wenn Holz oder Kohle verbrannt werden, entsteht das verflixte Kohlenstoffdioxid. Aber man kann auch mit Sonnenlicht brutzeln. Probiere es aus!

Das brauchst du

- 1 halbrunden Gegenstand, etwa eine Schüssel, eine Schale, ein Sieb oder einen Korb. Je flacher, desto besser. Er kann auch alt und kaputt sein.
- Alufolie
- 1 langen Nagel
- Hammer oder Knetmasse
- Backsteine oder Holzklötze
- 1 Bratwürstchen

Mache dazu diesen Versuch

1. Überziehe das Innere deines Gefäßes mit Alufolie. Es muss ganz bedeckt sein und die Folie sollte möglichst glatt sein.

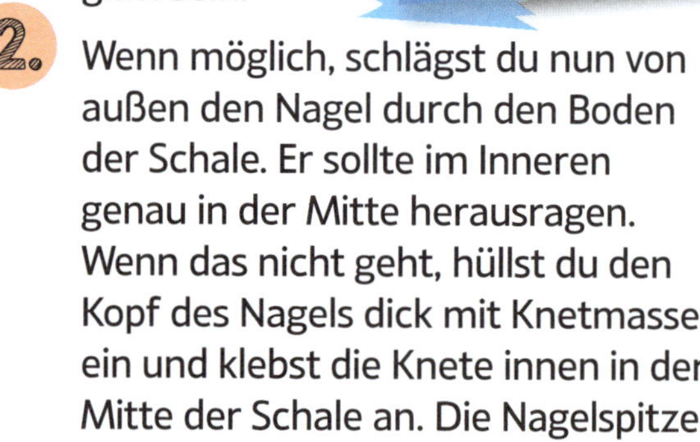

2. Wenn möglich, schlägst du nun von außen den Nagel durch den Boden der Schale. Er sollte im Inneren genau in der Mitte herausragen. Wenn das nicht geht, hüllst du den Kopf des Nagels dick mit Knetmasse ein und klebst die Knete innen in der Mitte der Schale an. Die Nagelspitze ragt dann in die Höhe. Lasse dir von einem Erwachsenen helfen, wenn das schwer geht.

3. Nun musst du deinen selbst gebauten „Grill" mithilfe der Backsteine oder Holzklötze so aufstellen, dass der Nagel genau zur Sonne zeigt. Die Steine oder Klötze helfen dir, das Gefäß schräg auszurichten.

4. Zuletzt steckst du das Bratwürstchen auf den Nagel und wartest, bis es gut erhitzt und angebräunt ist. Guten Appetit!

In der Mitte deiner Grillschale wird es sehr heiß werden und mit der Zeit beginnt dein Würstchen zu brutzeln.

Das steckt dahinter

Alufolie reflektiert Sonnenstrahlen besonders gut. Weil aber die Wände des Gefäßes nach innen gewölbt sind, werden die Strahlen in der Schale gefangen. Bei professionellen Solarkochern ist sie so geformt, dass die Strahlen sich genau in der Mitte treffen. Wenn dort ein Gestell für einen Kochtopf befestigt ist, kann man Mahlzeiten für die ganze Familie kochen. Dein Gefäß wird wahrscheinlich nicht ganz diese ideale Form haben. Aber bestimmt reicht die gebündelte Sonnenenergie, dass dein Würstchen zumindest heiß wird.

Unter der Dunstglocke – Schaffe Treibhausatmosphäre

Vielleicht hast du schon einmal gehört, dass an der Klimaerwärmung der Treibhauseffekt schuld ist. In diesem Experiment lernst du diesen Effekt kennen und erfährst, wo er sogar nützlich ist.

Das brauchst du

- 1 Zimmergewächshaus oder 1 flache Schale und eine passende Abdeckung, zum Beispiel eine durchsichtige Schale, in der Obst und Gemüse verkauft wird
- Erde
- Samen, zum Beispiel für Tomaten, Zucchini oder Kürbis
- Gießkanne
- Wasser

H_2O

Mache dazu diesen Versuch

1. Fülle die Schale oder das Zimmergewächshaus mit Erde.

2. Dann drückst du die Samen mit drei bis vier Zentimeter Abstand hinein und bedeckst sie leicht mit Erde.

Der richtige Zeitpunkt

Der beste Zeitpunkt für dieses Experiment ist Februar oder März. Denn dann sind die Pflanzen aus deinem Treibhaus Anfang Mai, wenn es draußen warm wird, groß genug, dass du sie auf den Balkon oder in den Garten pflanzen kannst.

3. Nun gießt du alles gut, setzt den Deckel auf und stellst deine Schale oder dein Gewächshaus an einen hellen, warmen Ort, zum Beispiel auf die Fensterbank.

4. Während der nächsten Wochen solltest du jeden Tag den Deckel für eine Weile abnehmen, damit sich in deinem Treibhaus kein Schimmel bildet. Außerdem musst du regelmäßig gießen.

Im Inneren deines Treibhauses werden sich Wassertropfen bilden. Wenn du den Deckel hebst, dann merkst du, dass die Luft darunter besonders warm und feucht ist. Außerdem werden aus den Samen mit der Zeit kleine Pflanzen wachsen.

Treibhaus Erde

Über die Erde ist natürlich kein Deckel gestülpt. Aber wenn in der Luft zu viel Kohlenstoffdioxid ist, dann wirkt das ein bisschen wie eine Barriere. Sie lässt viel Sonnenlicht auf die Erde, die Wärme aber nicht wieder weg. Also wird es auf der Erde immer heißer. Das klingt erst mal schön. Aber in vielen Gegenden der Welt ist es jetzt schon so warm, dass Hitze und Dürre die Ernten bedrohen und die Menschen Hunger leiden. An den Polen schmelzen die Eiskappen, sodass der Meeresspiegel steigt und Menschen in der Nähe der Küste möglicherweise ihre Heimat verlieren. Und durch jeden Motor und jede Heizung – also bei der Verbrennung von Öl, Gas und Kohle – wird noch mehr Kohlenstoffdioxid erzeugt. Wir müssen dringend mehr Wind- und Sonnenenergie nutzen, bei der kein Kohlenstoffdioxid entsteht.

Das steckt dahinter !

Durch den durchsichtigen Deckel fällt viel Sonnenlicht in dein Treibhaus und erwärmt die Luft. Doch der Deckel sorgt dafür, dass die meiste Wärme gefangen bleibt. Dadurch erwärmt sich auch das Wasser und verdunstet. Aber weil es sich auch nicht ausbreiten kann, bleibt es am Deckel hängen und wird dort wieder zu Wasser. Deine Pflanzen fühlen sich in der feuchten, warmen Luft pudelwohl und werden schneller wachsen als in einer offenen Schale.

Fällt genug Wasser vom Himmel? – Schaffe dir einen Feuchtigkeitsmesser

Wenn nicht genug Regen fällt, weil die ganze Zeit die Sonne scheint, müssen Pflanzen gegossen werden. Aber was ist eigentlich genug? Das lässt sich ganz einfach messen.

Mache dazu diesen Versuch

1. Stelle den Becher, wenn es zu regnen beginnt, auf den Balkon oder vor die Haustüre.
2. Wenn der Regen vorbei ist, misst du, wie viel Millimeter gefallen sind. Entweder liest du das an der Skala ab oder du steckst den Zollstock hinein.
3. Wenn du in einer Woche 20 Millimeter Regen gemessen hast, reicht das für deine Blumen- und Gemüsebeete. Aber für jeden Millimeter, der fehlt, musst du einen Liter gießen und zwar pro Quadratmeter. Du musst also ausmessen, wie viele Quadratmeter deine Beete haben, und das dann mit den benötigten Litern malnehmen.

Das brauchst du

- 1 großen Becher, am besten einen Messbecher mit Millimeter-Skala
- Zollstock
- jemanden, der dir beim Rechnen hilft

ANHANG
N
E
S
W

Glossar

In einem Glossar kannst du Wörter aus dem Buch, die du nicht verstanden hast, nachschlagen. Sie werden hier noch mal ausführlich erklärt.

Basen: So nennt man in der Chemie Stoffe, die genau umgekehrt reagieren wie Säuren. Schwache Basen schmecken oft ein bisschen seifig. Starke Basen sind gefährlich und ätzend.

Chemie: Ein Schulfach und eine Wissenschaft. Sie beschäftigt sich damit, was passiert, wenn verschiedene Stoffe miteinander reagieren und etwas ganz Neues entsteht. Bei einer chemischen Reaktion verbinden sich zum Beispiel mehrere Elemente zu einem Molekül oder ein Molekül zerbricht in seine Einzelteile, die dann zu ganz anderen Molekülen zusammenfinden.

H_2O Ag

Element: Alle Stoffe in der Natur sind aus verschiedenen Bausteinen zusammengesetzt. Wissenschaftler*innen nennen diese Bausteine Atome. Für gleich aufgebaute Atome verwenden sie den Begriff Element. Solche Elemente sind zum Beispiel Sauerstoff, Kohlenstoff, Eisen, Kupfer, Chrom, Blei, Gold, Silber, Aluminium, Schwefel oder Phosphor. Wenn sich Atome verschiedener Elemente verbinden, entstehen neue Stoffe, oder wie Wissenschaftler*innen sagen, neue Moleküle mit neuen Eigenschaften. Wassermoleküle zum Beispiel sind aus Sauerstoff und Wasserstoff zusammengesetzt.

O_2 He

Erosion: Wenn Wind oder Wasser in der Natur die oberste Schicht des Bodens abtragen, nennt man das Erosion. Die Erosion von Erde kann sehr schnell gehen. Aber auch die Oberfläche von Stein erodiert, wenn auch ganz, ganz langsam. Viele tiefe Täler sind zum Beispiel entstanden, weil das Wasser über Millionen von Jahren immer ein bisschen von der Oberfläche weggeschwemmt hat.

Glossar

Fotosynthese: Ein wichtiger Vorgang im Inneren der Pflanzen. Mithilfe des grünen Farbstoffs in ihren Blättern und Sonnenlicht stellen sie aus Wasser und dem Luftmolekül Kohlenstoffdioxid ihre Nahrung her. Als „Abfallprodukt“ entsteht dabei Sauerstoff, den Menschen und Tiere dringend brauchen.

Generator: Eine Maschine, die aus Bewegungen, zum Beispiel der Drehung eines Rotors, elektrischen Strom erzeugen kann.

Humus: Diesen Begriff verwendet man sowohl für Erde mit viel organischem Material als auch für die Menge von organischem Material im Boden. Man spricht dann von einem hohen oder niedrigen Humusgehalt.

Kohlenstoff: Kohlenstoff ist keine Kohle! Kohlenstoff ist ein Element, das in der Natur in fast allem enthalten ist. In Brennstoffen wie Kohle, Öl und Holz befindet sich besonders viel davon. Aber auch alle Pflanzen und Tiere und die Körper der Menschen enthalten Kohlenstoff. Bei der Kohle, die wir in unseren Kraftwerken zur Energiegewinnung nutzen, handelt es sich um vor Millionen von Jahren abgestorbene Pflanzenteile, die sich am Boden abgelagert haben und dann von anderen Schichten überdeckt wurden. Unter großem Druck hat sich das Pflanzenmaterial langsam in Kohle umgewandelt.

Glossar

Kohlenstoffdioxid: Ein gasförmiges Molekül, das aus Kohlenstoff und Sauerstoff zusammengesetzt ist. Wie Sauerstoff ist es in der Luft enthalten. Tiere und Menschen nehmen bei der Atmung Sauerstoff aus der Luft auf und geben Kohlenstoffdioxid wieder ab. Pflanzen brauchen Kohlenstoffdioxid für ihre Fotosynthese und damit zum Überleben. Kohlenstoffdioxid entsteht aber auch bei der Verbrennung von Kohle, Erdgas und Erdöl. Steigt die Menge von Kohlenstoffdioxid in der Luft, wird es auf der Erde immer wärmer. Deshalb gehört Kohlenstoffdioxid zu den Treibhausgasen.

Mineralien: Mineralien sind Steine, die nur eine einzige chemische Verbindung enthalten. Sie können allerdings auch als feines Pulver vorkommen.

Molekül: Ein Bauteilchen der Natur, das aus mehreren Atomen zusammengesetzt ist. Es gibt Moleküle, die aus Atomen des gleichen Elementes aufgebaut sind. Beim Sauerstoff verbinden sich beispielsweise immer zwei Sauerstoffatome. Andere Moleküle bestehen aus Atomen verschiedener Elemente. Wasser ist aus einem Sauerstoff- und zwei Wasserstoffatomen zusammengesetzt.

Natron: Ein Stoff, den man zum Putzen verwenden kann, der aber auch in Backpulver enthalten ist.

Organisches Material: Bodenbestandteile, die von einem Lebewesen stammen, also entweder von einer abgestorbenen Pflanze oder einem toten Tier. Erde mit viel organischem Material wird auch als Humus bezeichnet.

Glossar

pH-Wert: pH steht für *potentia Hydrogenii*. Das ist lateinisch und bedeutet „Kraft des Wasserstoffs“. Bei pH-Werten kleiner 7 ist die Lösung sauer, bei einem pH-Wert von 7 neutral und bei pH-Werten über 7 basisch. Je saurer die Lösung, desto mehr Wasserstoff-Ionen befinden sich in der Lösung. Diese werden für viele chemische Reaktionen gebraucht.

Quadratmeter: Eine Fläche, die einen Meter lang und einen Meter breit ist.

Reflexion: Dabei treffen Strahlen oder Wellen auf ein Material und werden teilweise zurückgeworfen. Das passiert zum Beispiel mit Wasserwellen, die auf eine Wand stoßen. Aber auch Lichtstrahlen werden reflektiert, von einem Material stärker, vom anderen weniger.

Rotor: Ein Maschinenteil, das sich drehen kann. Oft hat ein Rotor Flügel, damit er von Wind oder Wasser oder heißem Dampf angetrieben werden kann.

Sättigung: In der Chemie bedeutet Sättigung, dass sich zwei Stoffe nicht weiter vermischen können, weil von einem zu viel da ist. So kann Luft zum Beispiel nur Wasser verdunsten, bis sie „gesättigt“ ist. Danach passiert einfach keine Verdunstung mehr. Genauso wie du, wenn du satt bist, nicht noch mehr isst.

Säure: Eine Flüssigkeit, die auf bestimmte Weise chemisch reagieren kann. Nicht jede Säure schmeckt auch sauer. Apfelsaft oder Cola sind zum Beispiel ziemlich sauer, ohne sauer zu schmecken. Sehr starke Säuren wie Salzsäure sind sehr gefährlich, weil sie andere Stoffe, mit denen sie in Berührung kommen, zerstören. Mittelstarke Säuren wie Essig oder Zitronensaft kann man zum Putzen benutzen, weil sie den Dreck zerstören, aber nicht das Spülbecken, den Topf oder die Badfliesen.

Verdunstung: Das ist der Prozess, wenn Wasser vom flüssigen in den gasförmigen Zustand wechselt, ohne dass es kocht. Verdunstung findet in der Natur vor allem dann statt, wenn die Luft warm, trocken und bewegt (windig) ist.

Register

Register nach Schwierigkeitsgrad

Leichte Experimente

Mittelschwere Experimente

Schwere Experimente

Register

Register nach Zeitaufwand

Experimente für wenig Zeit

Experimente für mehr Zeit

Experimente für viel Zeit

Bildnachweis

shutterstock.com: Macrovector 6, studiovin 7 o., klyaksun 7 u., 10, 24, Francesco Scatena 8, aappp 12, domnitsky 13, RONEDYA 14 r., nEwyyy 14 l., sondem 15, natalia pak 18, Roman Samborskyi 20, vladimirat 21, astudio 22, Firma V 26, COLOMBO NICOLA 28 l., Alex Barera 28 r., Mario7 29, SpicyTruffel 31, Artiom Photo 32, Sensvector 34, Emilio100 36, Chubykin Arkady 37, posteriori 38, Ganna Zelinska 39, Dmitry Lobanov 40, Chones 42, Forgem 43, ILYA AKINSHIN 46, Tatevosian Yana 48, chayanuphol 49, adempercem 51, Rita Meraki 52, iama_sing 54, Pixel-Shot 56, Andrey_Kuzmin 57, Olga Guchek 60, valkoinen 62 l. o., Tim UR 62 r. o., 69, grey_and 62, M., Photology1971 62 u., Richard Peterson 63, Jerome.Romme 65, Skylines 66, AB-7272 68, OrangeVector 71, PromKaz 72, WIPHARAT CHAINUPAPHA 73, Quality Stock Arts 75, Barbol 77, Marina Mikhaylova 78, Art_Pictures 80, yevgeniy11 81, Peter Zijlstra 82, JIANG HONGYAN 83 l., Fairuzaid99 83 r., Kaiskynet Studio 84, AnnaKT 85, New Africa 86, Aksenova Natalya 87, Pixfiction 88, Kristina Igumnova26 89, Paul Orr 90, Ev Thomas 92, Lunn 94, ANNA ZASIMOVA 95 (Spiegel), Intellson 95 (Lupe), GSDesign 96, i am adventure 98, Ben Schonewille 101, Nikolaeva (Doodles), balabolka (Doodles), mhatzapa (Doodles), primiaou (Doodles), Natasha Pankina (Doodles), Arthur Balitskii (Doodles), Yuliya Lins (Doodles), Lida Bu (Doodles), jvillustrations (Doodles)
stockadobe.com: Petrova-Apostolova (Doodles)

Umwelt schützen - Vielfalt bewahren

112 Seiten, ab 8 Jahren
ISBN 978-3-8174-2957-8

Denkt an die Umwelt!

Meere voller Plastik, brennende Wälder, aussterbende Tierarten – die Erde braucht unsere Hilfe! Doch warum ist es so weit gekommen und was kann jeder tun, damit sich was ändert? In diesem Sachbuch erfahren Kinder alles Wichtige rund um den Umweltschutz.

Schützt das Klima!

Was ist eigentlich dieser Klimawandel, von dem jeder spricht? Was bedeutet das 1,5-Grad-Ziel? Und was geht mich das alles überhaupt an? Diese und viele weitere Fragen zum Thema Klimaschutz werden dir hier erklärt!

112 Seiten, ab 8 Jahren
ISBN 978-3-8174-2955-4

Experimentiere dich Schlau!

Spannende Experimente in der Natur oder zu Hause sorgen für Spaß und erklären nebenbei naturwissenschaftliche Phänomene des Alltags. Altersgerechte Anleitungen und anschauliche Illustrationen ermöglichen es den Kindern, alle Experimente spielend leicht nachzumachen.

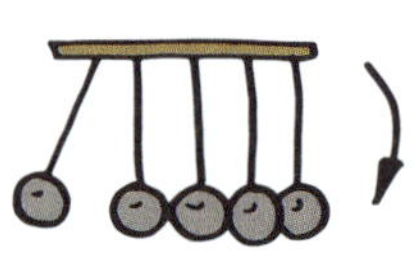

112 Seiten, ab 8 Jahren
ISBN 978-3-8174-4289-8

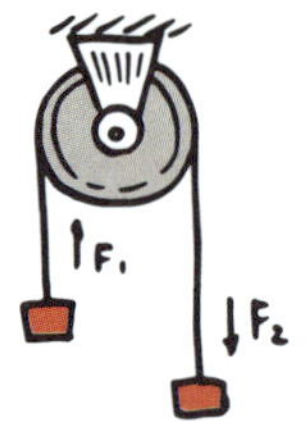

112 Seiten, ab 8 Jahren
ISBN 978-3-8174-4288-1

112 Seiten, ab 8 Jahren
ISBN 978-3-8174-4290-4

112 Seiten, ab 5 Jahren
ISBN 978-3-8174-4285-0